A szubjektum színeváltozásai

Szerkesztette

Bollobás Enikő

A szubjektum színeváltozásai
Narratív, kapcsolati és testi alanyiság
az irodalomban és a kultúrában

Szerkesztette

Bollobás Enikő

A SZUBJEKTUM SZÍNEVÁLTOZÁSAI

© 2017 Szeged, AMERICANA eBooks

General editors: Réka M. Cristian & Zoltán Dragon

© Bollobás Enikő és a tanulmányok szerzői

ISBN: 978-615-5423-43-7 (.mobi); 978-615-5423-42-0 (.epub); 978-615-5423-44-4 (PoD)

Szakmai lektorálás: Bollobás Enikő, Simon Gábor
Nyelvi lektorálás: Horváth Lajos, Simon Gábor
Technikai szerkesztés: Báder Petra, Simon Gábor, Zipernovszky Kornél
Címlapterv: Petrák Fanni
A kötetet tervezte: Dragon Zoltán

AMERICANA eBooks is a division of *AMERICANA – E-Journal of American Studies in Hungary*, published by the Department of American Studies, University of Szeged, Hungary.
http://ebooks.americanaejournal.hu

This book is released under the Creative Commons 3.0 – Attribution – NonCommercial – NoDerivs 3.0 (CC BY-NC-ND 3.0) licene. For more information, visit: http://creativecommons.org/licenses/by-nc-nd/3.0/deed.hu

TARTALOM

Bollobás Enikő

Narratív, kapcsolati, testi alanyiság, és az alany performatív megképzése – Elméleti bevezető a műhelytanulmányokhoz   2

Simon Gábor

Egy műfaj megismerésétől a műfaji megismerésig – A tanítás interszubjektív mintázatai a tanköltemények ben   15

Horváth Lajos

Vágyképszerű átváltozás-történetek a *Shakespeare Szonettjei*ben   32

Bojti Zsolt

A *magyar* mint alakzat a késő viktoriánus meleg irodalomban – Adalékok a *queer* kultúrtörténetéhez   53

Bollobás Enikő

„Lába mint két ceruza hagyta írásnyomát az erdő haván" – Nyelvtani, kapcsolati és testi alanyiság H.D. *HERmione* című regényében   69

Zipernovszky Kornél

Az elbeszélő én alakzatai Anita O'Day önéletrajzában   78

Báder Petra

A szerző teste – Mario Bellatin a performansz és az önfikció határán   99

Petrák Fanni

Ismétlődő emberiség – Jeanette Winterson evolúciós narratívái   110

Szerzőinkről   122

ELŐSZÓ

Itt közreadott kötetünk az ELTE Irodalomtudományi Doktori Iskolája „Testi, kapcsolati és narratív alanyiság az irodalomban és a kultúrában" elnevezésű kutatócsoportjának a munkája. A kutatócsoportot 2015 tavaszán hívta életre Bollobás Enikő; tagjai két féléven át, a doktori kurzusok adta heti rendszerességgel találkoztak. A szubjektumelméletek összetett problematikájának különböző témaköreit tanulmányozták, együtt járva be azt a különös elméleti teret, amelynek fogalmi keretét az elbeszélő alany, a kapcsolati alany és a korporalizált alany, valamint a performativitás alkotja. A műhelymunka elméleti terét az a szubjektumelméleti paradigma képezte, melyet a kutatócsoport vezetője több korábbi munkájában is kidolgozott (a legfontosabbakat lásd a Bevezető végén); az ezekben a könyvekben és tanulmányokban feldolgozott források szolgáltatták a kurzusok elméleti olvasmányanyagát, melyet a műhely tagjai két féléven át közösen tárgyaltak meg. 2016 őszén azután egy konferencián mutatták be témájukat a feldolgozott szövegek perspektívájából.

A kutatócsoport minden tagját elismerés és köszönet illeti: a műhelykonferencia szervezéséért Petrák Fannit és Bojti Zsoltot; a címlaptervért Petrák Fannit; a kötet technikai szerkesztéséért Báder Petrát, Simon Gábort és Zipernovszky Kornélt; a magyar nyelvi lektorálásért Horváth Lajost és Simon Gábort; a szerkesztési-lektorálási munkálatok kitartó koordinálásáért Báder Petrát és Simon Gábort; a szakmai lektorálásért Bollobás Enikőt és Simon Gábort.

Köszönetünket fejezzük ki az *AMERICANA eBooks* vezető szerkesztőinek, Cristian Rékának és Dragon Zoltánnak magas szakmai színvonalú munkájukért és önzetlen, lelkes segítségükért.

Budapest, 2017. április 15.

a Kutatócsoport tagjai

BOLLOBÁS ENIKŐ

NARRATÍV, KAPCSOLATI, TESTI ALANYISÁG, ÉS AZ ALANY PERFORMATÍV MEGKÉPZÉSE – ELMÉLETI BEVEZETŐ A MŰHELYTANULMÁNYOKHOZ

Bevezetőmben előbb bemutatom a "Testi, kapcsolati és narratív alanyiság az irodalomban és a kultúrában" elnevezésű irodalom- és kultúraelméleti műhely tagjai által bejárt elméleti teret és az e teret alkotó fogalmi témaköröket, majd röviden összefoglalom a közös munka eredményeként született és e kötetben közzétett tanulmányokat.

I

2015 tavaszán a következő tézisek mentén fogalmaztam meg szubjektumelméleti doktori műhelyünk kutatómunkájának tematikáját.*

  (1) A szubjektum mindig narratív, vagyis ön-ébredési és ön-megalkotási folyamata elválaszthatatlan az Én ön-narrációjától.
  (2) A szubjektum mindig kapcsolati, vagyis az alany a személyközi kapcsolatok dinamikájában konstituálódik.
  (3) A szubjektum mindig korporalizált (*embodied*), s alanyiságát a testnek a társadalmi normákhoz és szövegkönyvekhez való kritikai viszonyulásai határozzák meg.
  (4) Végül a szubjektum – akár narratív, akár kapcsolati, akár testi – mindig performatív folyamatok megképzésének eredménye.

Az alábbiakban ezeket a fogalmi témaköröket veszem sorra, kiemelve a főbb téziseket és a legfontosabb teoretikusok gondolatait.

NARRATÍV, KAPCSOLATI, TESTI ALANYISÁG, ÉS AZ ALANY PERFORMATÍV MEGKÉPZÉSE
ELMÉLETI BEVEZETŐ A MŰHELYTANULMÁNYOKHOZ

1. Narratív szubjektum

A szelf narratív felfogása értelmében az Én nemcsak nyelvi gyökerű, de a történetmesélés jelölő gyakorlatának a terméke; nem előzi meg a nyelvet, hanem az elbeszélés során alakul ki. Itt a benveniste-i „egót mondás" narratív esetéről van szó, amikor is a nyelvtani alany saját történeteit meséli el, egyes szám első személyben. E felfogás egyik meghatározó képviselője Anthony Paul Kerby filozófus, aki kitágítja a Saussure- és Benveniste-féle „szemiotikai szubjektum" fogalmát, s Jerome Bruner és más, úgynevezett narratív pszichológusok elméleteit alkalmazva kimondja: az önmagunkról való mesélés az emberi szubjektum meghatározó aktusa, amely nemcsak az én leírását adja, de meghatározó szerepet játszik az alany kialakulásában és valóságában is (4). Ruth Robbins e narratív én példáit látja Rousseau-nál a *Vallomások*ban, valamint Oscar Wilde *De Profundis*ában (35, 121). A szelf mindkét esetben nyilvánvalóan a nyelvben, a diszkurzusban, valamint a történetben képződik meg, s ekképp nem esszenciális, hanem előadástól függő; nem adott, hanem pusztán létezhető (121).

Linda Anderson Philippe Lejeune-re, James Olney-ra, ill. Paul de Manra támaszkodva állítja, hogy miközben a visszatekintő elbeszélés a tudatos létezés alapformája, és a megélt életre való mély emberi késztetés elválaszthatatlan annak önéletrajzi megörökítésétől, az önéletrajz mindig fikciót teremt ön-ismeret vagy ön-tudás helyett (*Autobiography*). Az önéletrajzban előállított Én a diszkurzus effektusa; a szubjektum a kristevai értelemben folyamat, az alkotó intervenció helye.

A Sidonie Smith–Julia Watson szerzőpáros – miközben a megfigyelés, az emlékezés és a kontempláció hármas egységét emeli ki az ön-narráció minden változatában („életírás", „életnarratíva", önéletrajz) – az önreferenciális írásra szűkíti az olyan, szigorúan önéletrajzi aktusok együttesét, mint emlékezés, tapasztalás, identitás, megtestesülés és ágencia (*Reading Autobiography*). Rámutatnak, hogy ezek mind az önéletírási szubjektumot alkotó folyamatok, melyek egyúttal interszubjektív nyelvi-diszkurzív folyamatok is. A tapasztalatnak a nyelv ad értelmet, az egymásba fonódó, többszörös identitásszeletekből összeálló (interszekcionális) önazonosságot pedig a narráció során hozza létre a narrátor. Az önéletrajzi narratívát az ágencia bizonyítékaként olvassuk. Az emberek kulturális szkripteket felhasználva mondják történeteiket, s a kulturális szkriptek alkalmazása – mégpedig ellenálló és szubverzív alkalmazása – lesz az ágencia gyakorlása.

Paul John Eakin hasonló szellemben mutat rá a személyiség narratív konstruáltságára, illetve a narráció és az identitás összefonódására (*How Our Lives Become Stories*). Mint írja, aki nem képes az elbeszélésre, annak nincs énje, nincs személyisége; ez a „disznarratíva", az ön-elbeszélés-képtelenség a személyiség betegségének tekinthető, amennyiben aki elvesztette narratív képességét, személyiségét veszítette el.

A narratív identitás fogalmának meghatározása kapcsán Eakin egy másik kötetében arra az egyszerű tényre hívja fel a figyelmet, hogy mindig beszélünk magunkban – magunknak, magunkról (*Living Autobiographically*). Utalva Oliver Sacks és Antonio Damasio kutatásaira Eakin kimondja, hogy a narratív identitás maga a személyiség. A szubjektumot az ön-narráció hozza létre; a narratíva mi vagyunk, a mi önazonosságunk. Hiszen akinek nincs története, annak nincs identitása. Az identitás beszédmódja pedig mindig önéletrajzi; az önéletrajz strukturálja azt, ahogyan élünk.

2. Kapcsolati alany

A kapcsolati szubjektivitásmodell Nancy J. Chodorow és Jessica Benjamin nevéhez köthető. Chodorow „a szelf kapcsolati felépítéséről" ír (198), s a tárgykapcsolati elméletet feminista kontextusba ágyazva mutat rá hagyományos individualizmusfogalom egyoldalúságára, amennyiben a gondolkodó-cselekvő szubjektum Freud által hirdetett függetlensége kizárja a más emberekhez fűződő függő viszonyt. Vagyis a csak férfiakra kidolgozott autonómiafogalom tagadja a kapcsolatiság szubjektumépítő potenciálját. Benjamin azt is hangsúlyozza, hogy ez a leválást vagy különállást eszményítő hagyományos pszichoanalitikus modell jellemzően hierarchikus kapcsolatokról szól, ahol a leváló fél a leválasztott fölötti dominanciáját valósítja meg („Master and Slave – The Fantasy of Erotic Domination" 282). „A dominancia problémája a függőség tagadásával kezdődik", írja (283). A kritikai feminista pszichoanalitikus elmélet ezzel szemben olyan individualitásfogalmat tételez, amelyben egyensúlyba kerülhet a leválás/elkülönülés és az összetartozás, az ágencia és a kapcsolatiság (*A Desire of One's Own* 82). Az alanyköziség azt a paradoxont feltételezi és állítja, miszerint „a másikkal való kapcsolatomban élhetem meg legmélyebben saját éntudatomat" (92). Szakítva a „csak egyetlen szubjektum logikájával" (*Shadow of the Other* 42), Benjamin paradigmája ekképp megengedi a szimmetrikus – azaz szubjektum és szubjektum közötti – kapcsolatokat is; szerinte az egyén a más szubjektumokkal folytatott kapcsolatokban, illetve azok által fejlődik (*The Bonds of Love* 19–20).

A kapcsolati modellben az egyik személy a másik nézőpontjába helyezkedve tanul meg kívülről tekinteni önmagára, s ezzel tudatosul számára önnön szubjektivitása. Ez a tanulási folyamat megfelel annak, amit Maurice Merleau-Ponty kiazmatikus összefonódásnak nevez ember és világ, érintő és érintett, látó és látható, szem és másik szem között. „Mihelyt látok valamit, e látás/látvány óhatatlanul kiegészül egy másik, komplementer látvánnyal [...]: önmagam képei ezek, kívülről nézve, ahogy valaki más látna engem egyéb láthatók között", írja Merleau-Ponty (*A látható és a láthatatlan* 152). „Amikor a másik néz, akkor ezzel kijelöli az én látásom tényleges határait" (162), hangzik Merleau-Ponty tétele; eszerint két személy perspektívája között létrejön az „egymásba illesztettség és egymásba fonódás" (157) kiazmatikus állapota. A cél az az állapot, melyet Brian Massumi – Gilles Deleuze-re támaszkodva – a *becoming* terminussal jelöl, s melyet én a magyar Deleuze-terminológiát alkalmazva „leendésnek" fordítok. Deleuze-nél, mint Gyimesi Timea írja, „a leendés a találkozás-esemény ideje" (*Szökésvonalak* 50), két erő vagy entitás találkozásának kettős „kölcsöneseménye", „rabul ejtése" („I mint Irodalom" 100). Massumi a leendéshez a kapcsolatiságot rendelve áll elő a „kapcsolati leendés" (*relational becoming*) fogalmával, utalva két ember kapcsolatának folyamatos kölcsöneseményére, amelynek során egy másik emberrel való kapcsolat adja az önmagunkról való tudásunkat (*Politics of Affect* 51).

3. Korporalizált alany

Az elmúlt évtizedekben tanúi lehettünk a testről való gondolkodás látványos átalakulásának. Ez mindenekelőtt a test/lélek karteziánus fogalompárjának dekonstrukciójában mutatkozik meg, amelynek során a teoretikusok lebontották a dichotómiának a görögöktől eredő hierarchizáltságát, egyúttal destabilizálva az „eltestetlenítés" kulturális gesztusát is.

A fenomenológia testi alanyiság-modellje Merleau-Ponty-ra vezethető vissza, aki leírja, hogy a testben létezés miként alakítja a tapasztalást. A test két irányban is közvetít: egyrészt a testünkön keresztül észleljük a világot, másrészt a testünkön keresztül reflektálunk a világra. Minthogy a világgal való kapcsolatunk mindig testi, és észlelésünk is testi funkció, a szubjektivitás is mindig a testben gyökerezik. Az a helyzet, ahonnan szemléljük a világot, valójában a testünk helyzete: a test pozíciója határozza meg az észlelő pozicionalitását, amely mindig valahonnan való észlelést jelent.

A fenomenológiai alapú testelméletek között még meg kell említeni Alphonso Lingis amerikai filozófus (Merleau-Ponty egyik angol fordítója) nevét. Lingis szerint nemcsak arról van szó, hogy testünkkel vagyunk jelen a világban, testünk az érzékek kapuja, s a testünk érzékelése nélkül nem vagyunk tapasztalatokra képesek (9-10), hanem arról is, hogy az interszubjektivitás mindig korporális.

Az idegtudományok képviselői több tekintetben is a fenomeológiaival ellentétes nézeteket fogalmaznak meg a testről. G. Deny és P. Camus francia neurológusok kimutatták, hogy aki testtudatát elveszítette, az éntudatát is elveszítette (id. Rosenfield, 39). Gerald M. Edelman szerint az emberi agy olyan zenekar, amely karmester nélkül játszik. Az agy minden külső ingert egységes tapasztalássá fog ugyan össze, de a karteziánus ego tudatossága nélkül. Mindeközben pedig nem tükrözi a világot, hanem inkább előállítja, megkonstruálja azt (124). Oliver Sacks neurológus a testnek az individualizáció folyamatában elért ágenciáját hangsúlyozza: a szubjektivitás minden megnyilvánulási formája (akarat, erkölcsi érzék, érzékenység, személyiség, lélek) az idegrendszerre vezethető vissza (45-49). Israel Rosenfield fogalmazza meg a radikális tézist: a test az agy abszolút referenciapontja (45). Végül megemlítendő Antonio R. Damasio neurológus, aki *Descartes's Error* című könyvében a karteziánus gondolkodás nagy tévedésére mutat rá: nem létezik az az egységes Én, amely tapasztalásainkat szubjektivitással látná el – az a központi tudás és felügyelet, amely egységbe fogná mindazt, ami elménkben történik. A test korlátozottan ellátja ugyan ezt az egységesítő szerepet, de csak mint „a normális elme működésében részt vevő tartalom" (226). A szubjektivitás és az éntudat tehát minden bizonnyal a testben gyökerezik, foglalja össze Eakin a legújabb neurológiai kutatások végkövetkeztetését (*How Our Lives Become Stories* 22).

A testtudományok teoretikusai között Foucault-t kell elsőként említeni, akinek munkássága révén új elemek jelentek meg a szubjektumelméletekben, mégpedig a test meghatározó voltáról. Foucault szerint a test mint az Ént meghatározó „nyers tényállás" megjelenése egybeesik a modernitással, amennyiben ekkor „az emberi lény szervezete belsejében kezd létezni, koponyájának kagylóhéján belül, végtagjainak armatúrájában, egész fiziológiája szerteágazó rendszerében" (*A szavak és a dolgok* 355). Ezen túl Foucault a hatalomgyakorlás felületeként írja le a testet, amelyet a hatalom különböző módokon kontrollál, az althusseri ideológiai interpelláció révén és a társadalmi-diszkurzív normativitás kényszerével (*A tudás archeológiája*).

Elizabeth Grosz a mainstream nyugati gondolkodás „fogalmi vakfoltjának" nevezi a testet, amelynek hiánya a filozófiai gondolkodásban jól mutatja, hogy a test és a lélek/szellem kétosztatúsága nem egyszerű kettéosztás, hanem a dichotomizált gondolkodás lenyomata: úgy választ szét, hogy közben az egyik terminust előjogokkal ruházza föl, dominánssá teszi, a másikat pedig alárendeltté. Grosz „korporális feminizmusa" a testről való gondolkodás jelentős sarokköve. Grosz megfordítja a karteziánus test/lélek binaritást, a testet jelölve meg a felsőbb kategóriaként. A test és a lélek kapcsolatát végtelen Möbius-szalagként konceptualizálva azt állítja, hogy ezek nem poláris ellentétei egymásnak, hanem egymásba csúszó fogalmak: a szalag két felülete – a pszichés belső és a fizikai külső – meg sem különböztethető egymástól. Ekképp valójában a test az alanyképzés felülete. A test társadalmi beírottsága nem függetleníthető a szubjektiváció folyamatától. A testet megjelölő-átformáló írások (inskripciók) között Grosz felsorolja a testformát átalakító izomépítést, a ruházatot, a különböző díszítéseket, a sminket, valamint a sokféle beültetéseket, protéziseket.

A testtudományok (narratív) alanyfelfogásának izgalmas leágazása a korporális narratológia, melynek kiindulópontja az a feltételezés, miszerint a szövegekben megjelenik, így ki is mutatható a szerző testének viszonya a hatalom ráirányuló normatív kontrolljával. Kérchy Anna a test és a szöveg viszonyáról való feminista gondolkodás narratológiai vetületeként kezeli a korporális narratológiát, hangsúlyozva, hogy itt „a test szövegének és a szöveg testének szimultán vizsgálatáról van szó, hiszen a szöveget szükségszerűen reflexióra késztetik az individuális szocializált testet szabályozó kulturális inskripciók és ideológiai preskripciók". Földes Györgyi az önéletrajzi paktum referencialitása alapján fogalmazza meg azt a feltételezést, miszerint „a szerző teste is par excellence módon beleíródik a szövegbe" (33), és Daniel Punday (*Narrative Bodies*) nyomán kétféle feladatot nevez meg a korporális narratológia számára: ki kell jelölni a test szerepét a történetben, valamint meg kell vizsgálni a történet testi elemeit, mégpedig úgy, „hogy [az értelmező] egy teljes »testi« atmoszférát vesz szemügyre, amelyen keresztül a művet megtapasztaljuk" (36).

4. A *(narratív, kapcsolati és testi) alany performatív megképzése*

Akkor válik izgalmassá az alanyképzés e háromféle tételezése, amikor nemcsak azt állítjuk, hogy a szubjektum mindig narratív, kapcsolati és testi, hanem azt is, hogy a narratív, kapcsolati és testi szubjektum megképzése mindig performatív, vagyis a performativitásnak a nyelvészetben leírt folyamatait követi.

A szubjektumperformativitás tétele Judith Butlerhez köthető, aki először *Problémás nem* című könyvében fejtette ki az alany végrehajtó megképzéséről szóló felfogását. Lebontva a korábban elterjedt megkülönböztetést biológiai nem és társadalmi nem között, Butler azt állítja, hogy a biológiai nem sem adott esszencia, hanem épp annyira „kulturálisan létrehozott termék, mint a társadalmi nem", s a biológiai nem „talán mindig is társadalmi nem volt" (49), a test pedig „mindig is kulturális jel volt" (142). Mi több, nemcsak az állítható, hogy a gender megelőzi a biológiainak feltételezett nemet, de kimutatható: nincs semmi a társadalom által normának állított viselkedés maszkja mögött. Azaz a társadalmi nem végrehajtó módon önmagát állítja elő a „természetesnek" vélt aktusokkal.

[A] társadalmi nem kifejezése mögött nincs társadalmi nemi identitás; az identitás performatívan jön létre, éppen azon „kifejezések" által, amelyek, úgymond, a társadalmi nemi identitás következményei. (76)

A SZUBJEKTUM SZÍNEVÁLTOZÁSAI

Az, hogy a társadalmilag nemiesített test performatív, azt sugallja, hogy nincsen ontológiai státusa, eltekintve azoktól a különféle tettektől, amelyek megkonstruálják a társadalmilag nemiesített test valóságát. (232)

Ekképp az alanyt a társadalmi-kulturális normák diktálta cselekedetek képzik meg, performatív módon. Ez a megképzés – akár a klasszikus austini modellben a beszédcselekvések által – a szubjektivitás esetében is kizárólag nyelvben, diszkurzusban történhet, ahol a társadalmi alany ekképp gyakran egybeesik a mondatban Énként megszólaló grammatikai alannyal.

A szubjektumról tehát elmondható, hogy különböző, ragokként működő azonosságkategóriákkal megképzett (inflektált, „ragozott") konstrukció, ahol éppen a kategóriák binaritásának esetlegessége, valamint a fogalmi kategóriák és a kategorizált dolgok közti kölcsönhatás miatt egyértelmű a nyelvi megképzettség. A tágabb és a szűkebb értelemben vett szubjektum egyaránt a különböző azonosságelemek által ragozott képződmény, vagyis a társadalmi nem, a „rassz" és a szexualitás kategóriái mellett többek között az etnikum, az osztály és a vallás is az alanyt alakító-módosító (inflektáló) azonosságelemekhez sorolható. Sem az alanyt ragozó azonosságelemek, sem az ezek által többszörösen ragozott alany nem eleve létező, esszenciális kategóriák. Performatív konstrukciókként jönnek létre, mégpedig olyan utánzó (imitatív) és gyakorító (iteratív) folyamatok eredményeként, amelyekben az utánzás és a gyakorítás tárgya nem egy már eleve (megelőzően) létezőnek feltételezett alany. Más szóval, e folyamatok nem valamilyen „eredeti" mintát utánoznak és ismételnek, hanem az azonosságelemek konstruálását irányító társadalmi-nyelvi normarendszert követik, amely maga is konstruált, mégpedig a megszólító ideológiák mentén.

A narratív alany performatív megképzettségével kapcsolatban azt állíthatjuk, hogy a történetmesélés nem valamiféle, a mesélést megelőzően létező tudat tevékenységének a terméke, hanem éppen ennek a tudatnak a létrehozója: az elbeszélő Én hozza létre az elbeszélt Ént. A narratív szubjektumképzés során az elbeszélő tudat beszédműveletei végrehajtó (performatív) módon állítják elő a korábban nem létező elbeszélt tudatot. Mi több, az elbeszélt Én performatív megképzése során önállósul szubjektummá és ágenssé a performatív beszédműveleteket végző személy. Az ön-narráció ekképp performatív aktus: az elbeszélő azt az Ént performálja, amelyet az elbeszélés mint konstatív aktus bemutat, minden pillanatban újrakonstituálva azt a narratív Ént, amelyet maga a narráció deszkriptív módon megidéz.

A kapcsolati alany performatív megképzettségével kapcsolatban a nyelvi interakciók beszédaktusaira kell utalnunk. A beszédaktusok hatékonysága a személyközi egyezségek és előfeltevések függvénye: ezek az egyezségek és előfeltevések alkotják azt a mindenki által eleve elfogadott társadalmi normarendszert és általában társadalmi tudást – nevezhetjük őket szkripteknek, ill. beszédaktusok kontextusában boldogulási feltételeknek is –, amelyek ismerete elengedhetetlenül szükséges az interszubjektív kapcsolatok megfelelő működéséhez.

A performatív (inter)szubjektivitás-modell is Butler nevéhez köthető. 2003-as Adorno-előadásaiban, melyeket angolul a *Giving an Account of Oneself* című könyvében jelentetett meg 2005-ben, Nitzschéből kiindulva – aki szerint saját történetemet csak a másikkal szemben mesélhetem el, csak a másik rákérdezésére válhatok önmagamat elbeszélő lénnyé (11) – kapcsolja össze a nyelvi közeget, a narrativitást és a dialogikus relációt a másik elismerésének feltételével. A szelf performálásának illokúciós aktusa és a másik meggyőzésének perlokúciós aktusa találkozik, interszubjektív viszonylatot hozva létre. Butler hangsúlyozza, hogy a másik elismerése és a másik által való elismerés kizárólag a nyelv közvetítésével történhet (28). A nyelv teszi lehetővé a narratív elismerést és az elismerés érdekében folytatott ön-narrációt egyaránt, mégpedig egy nyelvi dialogikus szituáció keretében, amelyben nemcsak a másik jelenléte biztosított, aki az ön-narráció címzettje, de a másik meggyőzésének a lehetősége is. Hiszen mindig valakinek, valakihez beszélünk, s a narratív szelf a megszólítás révén jön létre: az én a kapcsolatok hálójából születik, amikor is az egyik test egy másik testhez beszél (*Giving an Account of Oneself* 38, Magnus, „The Unaccountable Subject", 92). Így, a másik hozzám fordulása által jön létre a mások iránt érzett etikai felelősség, vagyis a megszólíttatás hozza létre a felelősséget. Nem vagyunk elszigetelt elemek, egymástól független diászok, írja Butler, hanem közös nyelv, közös hagyományok és normarendszereken keresztül egymásba kapcsolt láncszemek (*Giving an Account of Oneself* 28). A normarendszerekhez vagy az „igazság rezsimjeihez" való viszony egyben az önmagunkhoz való viszony is lesz (22), miközben a szubjektumot éppen egyedisége kapcsolja másokhoz (34). Az alanyiság tehát mindig kapcsolati: az egyén önismerete csak más egyéneken keresztül jöhet létre (28). Végül a személyközi kapcsolatok szolgálnak alapul és lehetőségül az egyén szubjektív ágenciája számára is (lásd erről Magnus, „The Unaccountable Subject" 100).

A fenomenológia, az idegtudományok és a testtudományok testi alanyiság-modelljének kialakítására egyaránt megtermékenyítően hatott a performatív megközelítés. Ezek közül a fenomenológia elsőként alkalmazta a performatív képletet, elfogadva, hogy a testem által lehetővé tett viszonyulás önmagam és világ között rendre performatív; vagyis a szubjektumperformativitás is mindig a testben mint az elsődleges tapasztalási közegben gyökerezik. Megképzéseink korporálisak: alanyi vagy tárgyi pozícióink testünk helyzetétől függnek. Sőt térben elhelyezkedő testem közvetít a világ felé, és testem által értelmezem saját és mások testi viselkedését. Mi több, testemben találkozik az észlelő elme és a nyelv, testséma és nyelvi horizont – mindaz, ami a performatív szubjektivitás és interszubjektivitás hordozója. A világra való reflexió pedig nemcsak mindig testi, hanem mindig performatív is. Végül – amennyiben, ahogyan Merleau-Ponty állítja, a szavak maguk is saját kiterjedéssel, formával, fizikai megjelenéssel bírnak (*Az észlelés fenomenológiája* 50) – performatív megnyilatkozásaink hordozója, a nyelv maga is korporális.

Az idegtudományok hasonlóképpen elfogadják szubjektivitás performatív értelmezését, ám ők az idegrendszerre vezetik vissza az akarat, az erkölcsi érzék, a személyiség performatív konstrukcióit és az agyat téve meg a test referenciapontjának. Ugyanígy az éntudat, amely a performatív alanyképzés kiinduló pontja, szintén a testben gyökerezik.

A testtudományok legfontosabb tételei szintén megengedik a performatív megközelítést: a test a performatív hatalomgyakorlás és a performatív alanyképzés felülete. A test hordozza a performatív társadalmi beírottság nyomait, s a testi inskripciók mind performatív módon igyekszenek megképezni a különböző szkriptek által sugallt normákat.

II

Kutatócsoportunk tagjai tehát ebben a narratív-kapcsolati-testi alanyiság performativitását tételező elméleti térben gondolták újra saját doktori, ill. posztdoktori kutatási témájukat.

Simon Gábor („Egy műfaj megismerésétől a műfaji megismerésig – A tanítás interszubjektív mintázatai a tankölteményekben") a tankölteményeket műfaját vizsgálja a tanítási tevékenység általános mintázatai mentén. Elméleti kiindulópontja szerint a műfaj az alany performatív kibontakozásának közege (Armstrong), az alanyiság pedig nem előfeltétele, hanem következménye a megismerés személyközöségének. A tankölteményeket kognitív mintázatainak elemzéséhez az emberi tanítás univerzális tipológiáját (Kline) alkalmazza. Simon Gábor eszmefuttatásának legszebb hozadéka: a történetileg és kulturálisan különböző műalkotásokban dominálnak az ismeretátadás közvetett, személyközi cselekvéseken alapuló módjai, amelyek tehát nem csupán a műfaj kognitív sémáját teszik feltérképezhetővé, hanem a tanító és a tanítvány alanyiságának megképződését is. A vizsgálatban feltárul műfaj és alanyiság összetett kapcsolata: az imitatív konstruálási aktusok mellett a műfaj az iteratív folyamatok közegeként is értelmezhető.

Horváth Lajos („„Vágyképszerű átváltozás-történetek Shakespeare Szonettjeiben") a shakespeare-i Szonettek azon szövegösszefüggéseit tárgyalja, amelyek az antikvitás átváltozás-történeteinek mitikus aspektusaihoz kapcsolódnak. A performativitás és szubjektivitás releváns elméleteiből kiindulva azt állítja, hogy mindez elsősorban a vágy mint művészi jelenség esztétikai ábrázolhatóságából eredeztethető. Izgalmas tanulmányában a szerző a vágyképszerűség művészettörténeti minőségének problematikáját tárgyalja, a szonettekben rejlő háttérjelentések új, modern kori alkalmazhatóságát, valamint Shakespeare elbeszélő költeményeinek szükségszerű felülvizsgálhatóságát is.

Bojti Zsolt („A magyar mint alakzat a késő viktoriánus meleg irodalomban – Adalékok a queer kultúrtörténetéhez") az angol kanonikus és nem kanonikus művek különböző olvasatainak lehetőségét vizsgálja a késő viktoriánus korban, Oscar Wilde-dal a középpontban. Tézisét a Merleau-Ponty, Grosz, valamint a Smith és Watson által felvetett kettősségek párhuzamára alapozza, amelyek szerint a testet alanyisága és tárgyiassága határozza meg, miközben az elbeszélést annak személyessége és történetisége szervezi. Ezt az elméleti szempontot a késő viktoriánus kultúrtörténetre alkalmazva olyan párhuzamra mutat a meleg irodalom narratíváiban, amely a meleg testet elrejti a történeti olvasatban, miközben a beavatottak számára láthatóságot is biztosít a magyar alakzatának segítségével.

Bollobás Enikő H.D. [Hilda Doolittle] *HERmione* című regényének szoros olvasásával a kutatóműhely tematikáját alkotó szubjektumelméleti tételek textuális alátámasztására tesz kísérletet („»Lába mint két ceruza hagyta írásnyomát az erdő haván« – Nyelvtani, kapcsolati és testi alanyiság H.D. *HERmione* című regényében"). A három tétel: (1) a szubjektum alapvetően nyelvi funkció, a mondatban elfoglalt szintaktikai pozíció függvénye, mely egyúttal az elbeszélő és az elbeszélt Én szétválása okán önhasadt; (2) a szubjektum személyközi viszonylatokban konstituálódik; az Én – beleértve a grammatikai Ént is – alapvetően kapcsolati; (3) az alanyiság és az alanyköziség egyaránt testi gyökerű.

Zipernovszky Kornél („Az elbeszélő én alakzatai Anita O'Day önéletrajzában") az amerikai jazz-énekesnő először 1981-ben kiadott önéletrajzát (*High Times, Hard Times* [Jó idők, nehéz idők]) elemzi abból a szempontból, hogy a szerző az önéletrajz mely narratív eszközei segítségével állítja elő az elbeszélő Ént. John Paul Eakin, Sidonie Smith és Julia Watson nyomán ezt az önéletrajzot az alanyi szerző elszánt élni akarásának „önreprezentációs gyakorlataként" értelmezi. Az alanyi szerző, miközben társszerzőjére is képes reflektálni, az énrétegek több szintjét is bejárja, a szerhasználatból való visszatéréstől a magasztos hivatás beteljesítéséig.

Báder Petra („A szerző teste: Mario Bellatin a performansz és az önfikció határán") a mexikói Mario Bellatin *El Gran Vidrio* (A Nagy Üveg) című regényében megjelenő szubjektumok feltérképezését tűzi ki célul.

Interszubjektivitás-elméleti (Merleau-Ponty) és performativitás-elméleti (Della Pollock) forrásokra támaszkodva a szándékolt Én és a mondott Én közti szakadékot tárja fel, e szakadék következményeként értelmezve a töredezett testképet és a fragmentált szöveget. A Másik tekintete által interszubjektív módon tárgyiasított alany performatív módon válik elbeszélt alannyá.

Petrák Fanni tanulmánya („Ismétlődő emberiség: Jeanette Winterson evolúciós narratívái") Jeanette Winterson *The Stone Gods* (Kőistenek) című könyvét mutatja be a klímaváltozás irodalmának szempontjából. Claire Colebrook alternatív gondolatkísérlete mentén vizsgálja a regény ciklikus történetmondását, melyet az emberi és nem emberi gondolkodási modellek és környezetek szerveznek. A tanulmány fő tézise a *The Stone Gods* időnkívüli világára vonatkozik. A szerző arra a következtetésre jut, hogy Winterson szerint lehetetlen a ciklikusság mintájából való kilépés, hiszen az olyan szemléletváltást kívánna, melyet a szubjektum nem tud megvalósítani. Az emberi civilizáció pusztulása elkerülhetetlennek tűnik, ahonnan még az újfajta, nem emberi szubjektum sem talál kiutat.

Jegyzet

* Szubjektumelméleti műhelyünk elméletei terét és fogalmi tematikáját részletesen kidolgoztam számos korábbi munkámban, melyek közül a következők a legfontosabbak (időben visszafelé haladva):

„Képlet – kiterjesztés – gyakorlat. A performatív elméleti paradigmái és alkalmazásuk Ignotus, Nádas, Galgóczi, Márai és Kertész szövegeinek vizsgálatában." *Filológiai Közlöny* 62 (2016)/4. 264-302.

„A performál visszaható ige? Az alany(iság) különös visszatérése a konkrét versben." In: *„Visszhangot ver az időben": Hetven írás Szegedy-Maszák Mihály születésnapjára*. Szerk. Bengi László, Hoványi Márton, Józan Ildikó. Pozsony: Kalligram, 2013. 65–73;.

„Az amerikai megtérési történetek performatív retorikája." *CONVERSIO Vallástudományi konferencia*. Szerk. Déri Balázs. Budapest: ELTE, Vallástudományi Központ, 2013. 429-437.

„A katakretikus jelentésbővülésről – adalékok a jelentésváltozás tropológiájához." *VLxx. Papers in Linguistics Presented to László Varga on his 70th Birthday*. Szerk. Szigetvári Péter. Budapest: Tinta Könyvkiadó, 2013. 23-32.

„Röviden a szubjektumperformativitásról – avagy Jonathan Swift csatlakozik a feministákhoz." *Whack fol the dah. Írások Takács Ferenc 65. születésnapjára. Writings for Ferenc Takács on his 65th birthday*. Szerk. Farkas Ákos, Simonkay Zsuzsa, Vesztergom Janina. Budapest: ELTE Angol-Amerikai Intézet, 2013. 193-202.

„Nők férfiak között: a Márai-háromszögről." *Irodalomtörténeti Közlemények* 116/4 (2012). 413-421.

„Tropes of Intersubjectivity—Metalepsis and Rhizome in the Novels of H.D. (Hilda Doolittle)." *AMERICANA—E-Journal of American Studies* VII/2 (2011). http://americanaejournal.hu/vol7no2/bollobas

Egy képlet nyomában – Karakterelemzések az amerikai és a magyar irodalomból. Budapest: Balassi, 2012.

They Aren't, Until I Call Them—On Doing Things with Words in Literature. Frankfurt am Main: Peter Lang, 2010.

„Performing Texts/Performing Readings: A Pragmatic Understanding of the Revisionist Interpretation of American Literature. *Journal of Pragmatics* (Amsterdam) 39/12 (2007). 2332-2344.

„Poetry and Visual Enactment: the Concrete Poem." *Word and Image* (London) II/3 (1986), 279-285.

„A szó hatalmáról – nyelvészeti megközelítésben." *Az Országos Rabbiképző Intézet Évkönyve 1977/78.* Szerk. Scheiber Sándor. Budapest, 1978. 82-90.

Hivatkozott irodalom

Anderson, Linda. *Autobiography*. New York: Routledge, 2001.
Benjamin, Jessica. „Master and Slave – The Fantasy of Erotic Domination." In: *Powers of Desire – The Politics of Sexuality.* Szerk. Ann Snitow, Christine Stansell, Sharon Thompson. New York: Monthly Review P, 1983. 280–99.
Benjamin, Jessica. „A Desire of One's Own. Psychoanalytic Feminism and Intersubjective Space." In: *Feminist Studies, Critical Studies.* Szerk. Teresa de Lauretis. Bloomington: Indiana UP, 1986. 78–101.
Benjamin, Jessica. *The Bonds of Love – Psychoanalysis, Feminism, and the Problem of Domination.* New York: Pantheon Books, 1988.
Benjamin, Jessica. *Shadow of the Other – Intersubjectivity and Gender in Psychoanalysis.* New York: Routledge, 1988.
Butler, Judith. *Giving an Account of Oneself.* New York: Fordham UP, 2005.
Butler, Judith. *Problémás nem.* Ford. Berán Eszter, Vándor Judit. Budapest: Balassi, 2001.
Chodorow, Nancy J. *A feminizmus és a pszichoanalitikus elmélet.* Ford. Csabai Márta, Kende Anna, Őrlősy Dorottya, Szabó Valéria. Budapest: Új Mandátum Kiadó, 2000.
Crossley, Nick. *Intersubjectivity – The Fabric of Social Becoming.* London: Sage Publications, 1996.
Damasio, Antonio R. *Descartes' Error—Emotion, Reason, and the Human Brain.* New York: Avon, 1994.

Eakin, Paul John. *How Our Lives Become Stories – Making Selves.* Ithaca: Cornell UP, 1999.
Eakin, Paul John. *Living Autobiographically – How We Create Identity in Narrative.* Ithaca: Cornell UP, 2008.
Edelman, Gerald M. *Bright Air, Brilliant Fire – On the Matter of the Mind.* New York: Basic Books, 1992.
Foucault, Michel. *A szavak és a dolgok.* Ford. Romhányi Török Gábor. Budapest: Osiris, 2000.
Foucault, Michel. *A tudás archeológiája.* Ford. Perczel István. Budapest: Atlantisz, 2001.
Földes Györgyi. „Az önéletrajzi regény a korporális narratológia tükrében." *Filológiai Közlöny* LXI (2015)/1. 33-39.
Grosz, Elizabeth. *Volatile Bodies – Toward a Corporeal Feminism.* Bloomington: Indiana UP, 1994.
Gyimesi Timea. *Szökésvonalak.* Budapest: Kijárat, 2008.
Gyimesi Timea. „I mint Irodalom – Deleuze és az irodalom." *Tiszatáj* 70/9 (2016), 98-102.
Kerby, Anthony Paul. *Narrative and the Self.* Bloomington: Indiana UP, 1991.
Kérchy Anna. „Tapogatózások – A test elméleteinek alakzatai." *Apertúra – Film, vizualitás, elmélet.* 2009. http://uj.apertura.hu/2009/tel/kerchy-2/
Lingis, Alphonso. *The First Person Singular.* Evanston: Northwestern UP, 2007.
Magnus, Kathy Dow. „The Unaccountable Subject, Judith Butler and the Social Conditions of Intersubjective Agency." *Hypatia* 21 (2006)/2. 81–103.
Massumi, Brian. *Politics of Affect.* Cambridge: Polity, 2015.
Merleau-Ponty, Maurice. *Az észlelés fenomenológiája.* Ford. Sajó Sándor. Budapest: L'Harmattan, 2012.
Merleau-Ponty, Maurice. *A látható és a láthatatlan.* Ford. Farkas Henrik. Budapest: L'Harmattan, 2006.
Punday, Daniel. *Narrative Bodies – Toward a Corporeal Narratology.* New York: Palgrave Macmillan, 2003.
Robbins, Ruth. *Subjectivity.* New York: Palgrave Macmillan, 2005.
Rosenfield, Israel. *The Strange, Familiar, and Forgotten – An Anatomy of Consciousness.* New York: Knopf, 1992.
Rózsa Erzsébet. „Az elismerés a kortárs filozófia kurrens témája és a korszerű társadalomelmélet kutatási paradigmája." *Magyar Tudomány* 172 (2011)/2. 210–216.
Sacks, Oliver. „Neurology and the Soul." *New York Review of Books,* 22 November 1990. 44–50.
Smith, Sidonie, és Julia Watson. *Reading Autobiography: A Guide for Interpreting Life Narratives.* Minneapolis: U of Minnesota P, 2010.

Simon Gábor

EGY MŰFAJ MEGISMERÉSÉTŐL A MŰFAJI MEGISMERÉSIG – A TANÍTÁS INTERSZUBJEKTÍV MINTÁZATAI A TANKÖLTEMÉNYEKBEN

1. Bevezetés

Noha költészet és szubjektivitás összekapcsolódása régóta érvényesülő előfeltevése az irodalomtudományi líraelméletnek (Kulcsár-Szabó, Simon 75-81), arra kevéssé irányult eddig a figyelem, hogy vajon a lírai szubjektumképződés poétikai megoldásainak vannak-e jellegzetes műfaji mintázatai. A fő kérdés e tekintetben nem az, vajon a szubjektum előzetesen adott feltétele-e a lírai dikciónak, és vajon mekkora a befogadó szerepe e szubjektivitás létrejöttében (a passzív kihallgatótól az arcadás alakzatán át a megnyilatkozói kiindulópont deiktikus átvételéig vagy a szöveg hívásának teljesítéséig [Lőrincz 7-30]). Egy poétika vizsgálatban azt kell ugyanis megfigyelni, hogy a műalkotás nyelvi megalkotottsága miként teremti meg a szubjektum megszólalásának lehetőségét. Mindez pedig akkor válik műfajelméleti kérdéssé, ha azt tapasztaljuk, hogy a mű tétje (egy szubjektum hiteles megszólalása) és a poétikai megformálás korrelál, azaz felismerhetővé válnak a szubjektumképződésnek műfajspecifikus mintázatai.

Egy termékenynek bizonyuló megközelítés (Hajdu 309-310) szerint a műfaj irodalomtudományi kategóriaként egy kommunikációs helyzethez kötődik, amelyben a mű megjelenik, vagy amelyet a mű színre visz. Következésképpen a szubjektivitás műfaji mintázatainak kutatása feltételezi további szubjektumok aktivitását a mű világában. Másként fogalmazva, a műfaj az alannyá válás interszubjektív közegeként, feltételrendszereként értelmezhető.

Ebben a tanulmányban azt vizsgálom, hogy a személyköziség, vagyis az elmék közötti társas interakció hogyan vezet el a résztvevő fiktív alakok szubjektummá válásához, és hogy azonosíthatók-e ennek az interakciónak műfajra jellemző mintázatai. A vizsgált szövegek a tanköltemény műfajába tartoznak. Azért választottam ezt a műfajt, mert a didaktikus költészet poétikai státusa a modernitásban végképp elbizonytalanodott (didaktikusság és költőiség egymást kizáró fogalmakként élnek a köztudatban akár napjainkban is), az itt alkalmazott megközelítés azonban a műfaj költőiségének újraértékelését kezdeményezheti a műfajfogalom átértelmezésén keresztül.

A következőkben először az elméleti kiindulópontok és előfeltevések bemutatására kerül sor, amely a vizsgálat hipotéziseinek megfogalmazását teszi lehetővé (2). Majd a vizsgált anyag és a vizsgálat módszerének rövid ismertetése után (3) az eredmények részletezése következik (4). A tanulmányt az eredmények értékelése (5) és az elméleti következtetések megfogalmazása zárja (6).

2. A tanköltemény „nézőpontjai"

A műfaj fogalmára irányuló újraértelmezési kísérlet több különböző perspektíva diskurzusba hozását teszi szükségessé. Nem csupán a műfaj fogalmát, különösen a tanköltemény műfaji jellemzőit kell revideálni, hanem a szubjektumra vonatkozó előfeltevésekre is reflektálni kell. Ráadásul e reflexiók összehangolására is szükség van, hogy a műfajt az alannyá válásban funkcionáló konstrukcióként vizsgálhassuk. Ezért érdemes kissé távolabbról megközelíteni a vázolt problémakört. A női aktfestészet kapcsán jegyzi meg Carol Armstrong, hogy a női test ellenáll a jellé válás absztraháló folyamatának (szignifikáció [223]). A tekintet ugyanis elidőzik a test megformálásán, ezért nem keres transzcendens, a konkrét formán túlmutató szférát a megfestett alakban, azt nem valamilyen jelentés jelszerű figurálódásaként értelmezi a befogadó. A megformálás önmagára irányítja a figyelmet, a megalkotás módja és műveletei előtérbe kerülnek, a test pedig a maga valóságában mutatkozik meg. Az akt tehát műfajként egyfelől a megismerés aktusaival (tekintet, figyelem, érintés és metaforizálás), a megvalósítás folyamatával jellemezhető, a figurativitás pedig e folyamatban bontakozik ki. Mindez azért lényeges, mert a motívumok mint műfaji jellemzők nem önmagukban, hanem a műfaj által kezdeményezett (re)konstruktív megismerés folyamatában nyerik el jelentőségüket, azaz nem a motívumok avatnak egy alkotást valamilyen műfajúvá, hanem a műfaj mint megismerésbeli közeg irányítja a befogadó figyelmét a motívumokra. Másfelől az akt műfaja – éppen a megformálás előtérbe helyezése révén – a megjelenő alakot jelen lévő testként, vagyis a mindenkori jelenlét performatív megtapasztalásában mutatja fel. Így válik az akt műfaja egy performatív szubjektum (nem pusztán térbeli pozíció, forma, hanem egy aktuálisan megjelenő és megjelenített másik) megképződésének lehetséges kiindulópontjává.

Ahhoz azonban, hogy a szubjektummá válás performatív folyamatát összekapcsolhassuk a műfaj fogalmával (és közelebbről a tankölteménnyel), mindenekelőtt olyan ismeretelméleti kontextus szükséges, amely az alanyiság minőségét a megismerési folyamat kezdőpontjából annak végpontjába helyezi át. Annak felismeréséhez tehát, hogy a tankölteményben szubjektum(ok) jön(nek) létre, magát az alanyt eredményként, nem pedig kiindulási alapként kell felfogni. Azzal, hogy a posztstrukturalizmus kizárja a megismerésből a jelszerűsítést (amely éppenhogy elfedi a valódi megismerést), kezdeményezi a szubjektum ismeretelméleti fogalomként történő újrapozicionálását, de nem viszi végig a kezdeményezést. Olyan modellre van tehát szükség, amelyben az alany a megismerés egyik hozadékaként jelenik meg. Mind Husserl, mind Merleau-Ponty fenomenológiája ilyen modellt kínál. Az interszubjektivitás hagyományos értelmezéséhez képest, amely a fogalmat szubjektumok találkozásaként, együttműködéseként mutatja be (és végső soron az objektum-szubjektum dichotómián alapul), már Husserl is úgy tekint a személyköziségre, mint amely a világgal való találkozás alapvető közege: „Tapasztalatom értelmében megjelenik az a tényező is, hogy a világ nem csupán saját, hogy úgy mondjam »privát« szintetikus képződményem, hanem egyben idegen is tőlem, interszubjektív, bárki számára létező, tárgyai mindenkinek megközelíthetők" (107). Amikor a világ a jelenségeiben (azaz fenomenálisan) megtapasztalhatóvá válik, egyben közös világgá is válik, amely tehát mások számára ugyanúgy hozzáférhető. A másik megismerő, irányuló (intencionális) tudatként része az egyén tudati horizontjának, ellenkező esetben fel kellene adnunk a közös világ létét, és a szolipszizmus problémájába ütköznénk.

Merleau-Ponty arra hívja fel a figyelmet, hogy a másikra irányuló interszubjektív horizont nem csupán a világról való gondolkodás köré vonódik (azaz nem arról van szó, hogy szubjektumként képesek lennénk a másik nézőpontját is érvényesíteni), hanem már a megismerés kezdeti, legelemibb folyamata, az észlelés is magában foglalja a másik tekintetét (379-380). Nem tudja tehát az egyén a másik tudattól függetlenül megtapasztalni a világot: „a másik felé feszülő tapasztalatom [...] vitathatatlanul ott van életem horizontján, még ha a rá vonatkozó tudás tökéletlen is" (388). A fenomenológia szerint a jelenségvilág megismerésében a személyköziség kiindulási alap: el kell távolodni mind az individuum ismeretelméleti dominanciájától (ami szolipszizmushoz vezet), mind pedig a szubjektumnak a bensőségességre (interioritásra) alapozott, romantikából eredő korai modern koncepciójától (amely bezárná az egyént saját individualitásába, fokozva ezzel külső és belső világ dichotóm elkülönülését, modern világunk eldologiasodását [Ritter 77-79]). Mindezek alapján a tanítás interszubjektivitását nem korlátozhatjuk a másik nyelvileg jelöltté tételére, a másikra való referencia nyilvánvaló eseteire: minden megfigyelés, minden észlelés és tapasztalás már eleve személyközi megismerő aktus, mert feltételezi tanító és tanítvány közössé váló tapasztalati horizontját. Továbbá a szubjektivitás e közös horizontra alapozva bontakozhat ki, nem pedig a másik zárójelbe tételével, vagy a tőle való elfordulással. A tudás (és így a világ) közössé tételének performatív aktusai egyben e tudással (és a közös világgal) személyes viszonyba kerülő szubjektumok kialakulásához vezetnek.

A műfaji performativitás vizsgálata mindazonáltal akkor válhat igazán termékeny vállalkozássá, ha magát a műfaj fogalmát is sikerül újraértelmeznünk, kiszabadítanunk abból a hagyományból, amelyben a műfaj (i) az egyedi művekhez képest másodlagos, pusztán a besorolás eszköze (Croce 266-269); (ii) maga a hagyomány termeli ki, vagyis a művekről való általánosító beszédmód kategóriája; (iii) visszamenőlegesen, a megértés aktusát követően azonosítható, és így az interpretációban funkcionál (Fowler, *Kinds* 37-44). Ezt a hagyományos műfajfogalmat Alastair Fowler nyomán visszahatónak (retroaktívnak) tekintem, ugyanis a műfaj státusa rendre másodlagos ebben a megközelítésben: a műhöz, a hagyományhoz és a megértéshez viszonyítva is. Az ezredforduló táján már az irodalomtudományi műfajelmélet is felvetette egy előreható (proaktív) értelmezés szükségességét: ebben a műfaj a jelentések közössé tételének asszociatív tartománya, amely alkotónak és befogadónak egyaránt segít a mű nyelvi konstruálásában (megalkotásában és feldolgozásában), jelentések kialakításában (Fowler, „The Formation of Genres in the Renaissance and After" 190). Előtérbe kerül emellett a műfaj virtuális kategóriaként is, amely az alkotás és a befogadás folyamataiban képződik, ugyanakkor az irodalmiság folytonos újrateremtődésének sajátos médiuma (Dimock 1377-1380). Napjaink műfajelméletében tehát nem csupán a műfaj státusa, de a funkciója is változni látszik: a hangsúly az értelmezésről az alkotás és a befogadás (azaz a művel kialakuló interakció) folyamataira esik, a műfaj pedig a világról való tudás újraalkotásában, vagy legalábbis újszerű elrendezésében nyeri el jelentőségét. A proaktivitás hangsúlyozásában a nyelvtudomány is szerepet vállal: a szövegtípus mint mentális séma reproduktív működtetéséhez képest a műfajban az alkotó újrateremtés lehetőségét látja meg (Kocsány 51-64).

A műfaj proaktív vonatkozását ebben a tanulmányban a tanköltemény vizsgálatán keresztül térképezem fel. Ezzel a műfajjal szemben számos kritikai érv megfogalmazódott. Az antikvitásban a tanköltemény nem mimetikus jellegéből eredően nem minősült költészetnek, ráadásul igaz tényeket kíván közölni, így művészetnek sem tartották. A romantika korszakában pedig nem illeszkedett a műnemi hármasság rendszerébe, továbbá nem egy szubjektum belső világának feltárulásaként, hanem tényigazságok didaktikus közléseként értelmezték (Dalzell 11-17, Volk 2-

40). Ma már azonban nem a mimetikusság, vagy az autonóm szubjektív világ a tanköltemény jellegadó tulajdonsága. Napjainkban éppen a didaktikus persona folyamatos fenntartása, valamint a tanítvánnyal való interakció és a didaktikus szándék érvényesülése kerülnek a műfaj kapcsán előtérbe (Hardie 342-343, Hajdu 309-310). Az új megközelítések arra irányítják a figyelmet, hogy a tanköltészet tanító és tanítvány interakciójára alapul, a tanítás kognitív aktusai tehát interszubjektív közegben mennek végbe.

Mindezek alapján a tanköltemény műfaja újraértelmezhető a tanítási műveleteket, illetve a tanításban résztvevők interakciójának nyelvi-poétikai figurálódást vizsgálva. Legfőbb hipotézisem alapján ezek a tanítási aktusok nem ismeretek kifejtő átadásaként, hanem a tudásba történő performatív (azaz cselekvés, tapasztalat útján végrehajtott) bevonásként mennek végbe a műalkotásban, amely kiaknázza a megismerés személyközi horizontjának lehetőségeit. Amennyiben azonosíthatóvá válnak tanítási műveletek, úgy ezek nyelvileg valósulnak meg, vagyis a tanítás performatív aktusai egyben a nyelv közegében végrehajtott performativitásként értelmezhetők. Ez pedig új megvilágításba helyezi a tanköltemény figuratív-poétikai konvencióit (a hasonlatokat, allegóriákat, epikus kellékeket), azok ugyanis a tanítás poétizálódásának struktúrái. Következésképpen azt feltételezem, hogy a tanköltészet műfajspecifikus jegyei a személyközi tanítási aktusokhoz köthetők, sőt azok figurálódásaként jelennek meg. A tudás performatív átadása egyúttal a tanító és a tanítvány alakjainak alannyá válását is lehetővé teszi, tehát ha megfigyelhetőek a tanítás poétizálódásának mintázatai, akkor a tanköltemények esetében is tételezhető szubjektumképződés. Sejtésem szerint azonban az így formálódó alany nem a narráció reflektált folyamatára, nem is a test performatív jelenlétére, hanem a közös cselekvés interszubjektív kibontakozására alapozódik. A továbbiakban e hipotézisek mentén vizsgálom a tanítás folyamatát három tanköltemenyben.

3. *Lucretiustól Bessenyeiig* – *a vizsgálat anyaga és módszere*

A tanítás mintázatainak elemzését három műalkotásban végeztem el. Elsőként Titus Lucretis Carus *A természetről* (*De rerum natura*, i. e. 55/49)[1] című klasszikusát vizsgáltam, azzal a feltevéssel, hogy ha a műfaj centrális

---

[1] Lucretius művének egy korai angol fordítását alkalmaztam, mert prózai fordításként meglehetős pontossággal adja vissza az eredeti latin kifejezéseket: Cari, T. Lucreti. *De rerum natura. Libri sex.* Ford. Munro, H. A J. London, Cambridge: George Bell and Sons, Deighton Bell and Co, 1903. A magyar szövegrészek a saját fordításaim az angol kiadásból, a latin eredetivel összevetve. A latin eredetit az alábbi kiadásból idézem: Cari, T. Lucreti. *De rerum natura. Libri sex.* Ed. Munro, H. A. J. Cambridge, London: Deighton Bell and Co, G. Bell and Sons, 1886.

példányánál relevánsnak bizonyul a megközelítés, az kiterjeszthető más művekre is. Ez utóbbi kiterjesztést két irányban hajtottam végre: egyfelől a műfaj történetiségében mozdultam el a modernitás felé, Johann Wolfgang Goethe „A növények alakváltozása" („Die Metamorphose der Pflanzen", 1790)[2] című alkotását elemeztem; másfelől a műfaj kulturális hátterének sokszínűségét szem előtt tartva választottam Bessenyei György „A Méltóság keserve" (1796) című moralizáló tankölteményét. Ha e három, időben és térben egymástól oly távol eső szövegben hasonló tanítási mintázatok fedezhetők fel, az a műfajiság és a tanítási interakció szoros összefüggésére utal, egyben a műfaj új alapokra helyezését is lehetővé teszi.

A vizsgálat módszere kvalitatív elemzés, amellyel a tanításnak a költeményekben megjelenő módjait térképeztem fel és kategorizáltam. Ezen túlmenően vizsgáltam a költőiségre, poétikusságra irányuló reflexiókat is. A kategorizálás szempontjai a tanítás kognitív tudományos modelljéből (Kline 1-17) származnak, amely az ismeretátadást társas-kognitív folyamatként jellemzi, plurális metodológiai repertoárral. Míg a nyugati kultúrában kanonizálódott, formális megközelítés a tudásátadás egyirányúságát, hierarchizáltságát hangsúlyozza (amelyben a tanár az ismeretek forrása, a tanítvány passzív befogadó), és a tudás közvetlen verbalizálása, explicit instrukciókkal történő átadása áll a középpontban, egy tágabb társas-kulturális és kognitív perspektívából a tanítás sokkal inkább olyan adaptív tevékenység, amely arra evolválódott, hogy mások ismeretszerzését segítse. Ezért Kline modellje a tanítás informális (közvetett, nem direkt módon instruáló) jellegét, cselekvésközpontúságát és funkcionális irányultságát emeli ki: a tanítás során elmék kerülnek interakcióba és hangolódnak össze azért, hogy egy problémát (egy ismeret hiányát, egy gyakorlati művelet elvégzését) megoldjanak. Ez a megközelítés tehát a tanítási folyamat pluralitására irányítja a figyelmet: a megoldandó problémához igazítva alkalmaznak a résztvevők társasan kognitív aktusokat.

Alapvetően ötféle tanítási módozatot különít el Kline modellje, amelyet az alábbi táblázat foglal össze. A tanítás társas-kognitív értelmezése többszintű skálán rendezi el az ismeretátadási aktusokat. A fő szempont a tanítás közvetlensége és szándékoltsága: a direkt tanítás során a cselekvés elsődleges célja az ismeret átadása, míg a többé-kevésbé indirekt tanítási módoknál a tanár célja elsődlegesen egy cselekvés végrehajtása, amely közvetetten segítheti a tanítvány ismeretszerzését. A tanár aktivitása változó mértékű, de még fontosabb, hogy változó minőségű: míg direkt tanítás esetén tevőlegesen közreműködik a tudás explicit megfogalmazásában, a társas toleranciánál tevékenysége nem irányul a tanítványra, pusztán a probléma megoldására, azaz aktív, de nem a hagyományos értelemben vett

---

[2] A német eredetit a következő kiadásból idézem: Goethe, Johann Wolfgang. *Poetische Werke.* I. *Gedichte und Singspiele.* Berlin, Weimar: Aufbau Verlag, 1965. 206–209.

tanárként. Ugyanez figyelhető meg fordított arányban a tanítványi szerepvállalásnál: direkt tanítás során pusztán befogadója a tudásnak, míg társas tolerancia esetében passzív cselekvő, de rendkívül aktív megfigyelő, aki a saját maga számára rekonstruálja a probléma megoldását. A két végpont között pedig az eltérő mértékű tanári és tanítványi aktivitás esetei fedezhetők fel, mind a tudásátadás, mind a cselekvés útján történő problémamegoldás szempontjából.

A tanítási aktus neve	Motivációja	A közös cselekvés	Tanári közreműködés
Direkt tanítás	Nincs releváns inger, nem együttműködő a tanítvány.	verbális instrukció, közvetlen ismeretátadás	Aktív tanítás
Értékelő visszajelzés	Nem figyel a tanítvány a lehetséges következményekre.	megerősítő válasz, a nem megfelelő cselekvés elutasítása	.
Lokális felerősítés	Nem érhető el a releváns tapasztalati alap.	a fontos jelenségekre való rámutatás, azok megfigyeltetése	.
Alkalom biztosítása	Nehéz vagy túl veszélyes a feladat önálló végrehajtása.	együtt végrehajtott tevékenység	.
Társas tolerancia	Elérhető a tapasztalat, de nincs minta a cselekvés végrehajtására.	önálló tanári tevékenység, a tanuló megfigyel	Passzív tanítás

Ez a taxonómia kivételes lehetőséget ad arra, hogy a tankölteményekben megvalósuló tanítási folyamatot új megvilágításba helyezzük. A kvalitatív elemzés módszere tehát arra irányult, hogy mely tanítási módok milyen nyelvi mintázatokban érhetők tetten a választott műalkotások fiktív világában, azaz miként poétizálódik a tanítás folyamata, és vajon ez alkalmas kiindulópont-e a műfaj újraértelmezéséhez. Az elemzés kiindulópontja az a feltevés volt, hogy a művekben – szemben a műfajt ért kritika, a túlzott didaktikusság vádjával – megjelennek majd a direkt tanítás mellett az indirekt ismeretátadás módjai is, azaz valóban közös cselekvések, interakciók tanúi lehetünk.

4. „Úgy határoztam, hogy pierioszi versekben fejtem ki neked tanainkat" – eredmények

A tanítás interakcióit vizsgálva mindenekelőtt arra figyelhetünk fel, hogy mindhárom műben egyértelműen jelölve van a tanítvány jelenléte. Lucretius tanítója már az első könyv elején leszögezi: „megkísérlem megírni a dolgok természetét fiunknak, Memmiusnak".[3] Goethe művében a megszólaló kedvesének („Geliebte", a magyar fordításban „kicsikém") címezi tanítását. Bessenyei „méltósága" pedig az előszószerű pretextusában szólítja meg az ország tanárait és diákjait, hogy aztán a műben egyes szám második személyű igealakok jelöljék a névtelen, de jelenlétében implikált tanítványt (például: „Hid el; a szerencse hozzád vaktában kap" [XII. 1614]). Egyértelmű tehát a tanítás társas közege: a tanítvány nem minden esetben névvel egyedített alak, ám fizikai, személyes, sőt, mint látni fogjuk, mentális „jelenléte" egyértelműen biztosítja a tanító közléseinek kontextusát. Merleau-Ponty-val szólva a tanítvány jelenléte kétségtelen, noha e jelenlét nyelvi kidolgozottsága a művekben eltérő mértékű lehet.

Ezen túlmenően a közös tevékenységre, a tanítás–tanulás társas folyamatára is reflektálnak a művek megszólalói. Lucretiusnál a közös cselekvés mindkét részfolyamata megjelenik: „megmagyarázom: szentelj figyelmet a szavaimnak".[4] A német nyelvű alkotásban a megnyilatkozó a közös figyelmi tevékenységre reflektál: „Addig nézd, fakadásában mint bontja a bimbót".[5] Hasonló közös cselekvéseket tesz nyelvileg kifejtetté Bessenyei tanítója, többes szám első személyű igealakok révén: „Lássuk az Emberkort, tsak a Természetben/Mennyi hatalommal birhat az életben?" (I. 133-134). A didaktikus persona tehát mindhárom esetben felhívja a figyelmet arra, hogy az ismeretszerzés közös tevékenységként megy végbe, nem egyedül a tanár aktivitásán múlik annak sikere.

A tanítási aktusoknak a vizsgált művekben megjelenő kategóriáit annak alapján mutatom be, hogy mennyire teszik kifejtetté a tanító szándékos ismeretátadását. A direkt tanítás módozatai tekinthetők a leghagyományosabb értelemben tanításnak, míg a társas tolerancia esetei a legkevésbé. Közvetlen magyarázatra Lucretius és Goethe művében kevés példa van. Az előbbi didaktikus personája helyenként hivatkozik rá nyelvi szerkezetekkel, hogy direkt ismeretátadást végez, amelynek során instrukciókat kell adnia a tanítványnak: „Hogy tudhasd, hogyan történik ez,

---

[3] „ego de rerum natura pangere conor/Memmiadae nostro" (I. 25-26). A költeményekből vett idézetek után a római szám a mű részére (az idézett részletet magában foglaló könyvre), az arab szám pedig a sor számára utal. Goethe műve nem tagolódik könyvekre, ezért ott csak a sorszámot adom meg.
[4] „expediam: tu te dictis praebere memento" (II. 66).
[5] „Werdend betrachte sie nun, wie nach und nach sich die Pflanze, / Stufenweise geführt, bildet zu Blüten und Frucht" (9-10).

mindenekelőtt emlékezned kell arra, mit mondtunk korábban".[6] Goethe alkotásában csak a mű végén, azaz a természet megfigyelésének összegzéseként, mintegy a tanulságokat levonva fog bele a tanító direkt magyarázatba: „S értsd meg, a természet mi hamar, hányféle alakból/hívta elő halkan kölcsönös érzületünk!".[7] E két szöveggel összevetve, a magyar tankölteményben viszonylag gyakoriak a morális instrukciók; egy példa: „A hol a Természet ezt sugdossa: hogy fáj,/Rá gondoly; s ha lehet jókor elibe álj./A köz Népnek ügyét, mérjed igazsággal" (IV. 582-585). Feltűnő, hogy míg az ókori latin és az újkori német műben csak elvétve fordulnak elő közvetlen tanítási instrukciók, direkt magyarázatok, addig a magyar alkotásban több ilyen részletet találunk. Ennek lehetséges magyarázata, hogy a téma, illetve az a probléma, amely köré az ismeretátadás szerveződik, meghatározza a tanítás módjait: a természet megfigyelhető, ezért a természetről szóló tanítások elsődlegesen a közös megfigyelést szorgalmazzák, s a következtetések levonása is másként történik. Az emberi erkölcsök azonban közvetlenül nem vizsgálhatók, csak kontempláción, elmélkedésen keresztül tehetők kifejtetté, következésképpen a moralizáló tankölteményben gyakoribb és kifejtettebb a közvetlen instrukcióadás, illetve a magyarázat. E feltevés igazolása azonban további kutatásokat, további művek elemzését teszi szükségessé.

Szintén a didaktikus persona tudatos tanítási cselekvéseként értelmezhető az értékelő visszajelzés aktusa, amely azonban már nem az elsajátítani kívánt tudásra, hanem magára az elsajátítás módjára reflektál. A tanítvány tevékenységére irányuló visszajelzéseknek két szempontból van jelentőségük a tanköltemenyekben: egyrészt feltételezik a tanítvány mint önálló elmével rendelkező résztvevő jelenlétét (vagyis a megismerés személyközisegére építenek), azaz utalásként olvashatók a tanítás mentális kontextusára; másrészt feltételezik a tanítvány önálló cselekvését, még ha az nem is verbalizálódik közvetlenül. Következésképpen az értékelő visszajelzés példái arra mutatnak rá, hogy a tanköltemény nem a didaktikus persona önelvű kinyilatkoztatása, hanem egy többszólamú, de legalábbis több kiindulópontot érvényesítő, azaz interszubjektív tanítási folyamat nyelvi reprezentálása. Mind Lucretius, mind Goethe művében találunk visszajelzést megvalósító szövegrészeket. Az antik műben elsősorban Memmius negatív attitűdjére irányulnak: „Aztán ismét mi bántja az elméd, mi hat rá és korlátozza azt különböző gondolatok kifejezésében, hogy megóvjon annak elfogadásától, az érzékelhető észlelhetetlen dolgokból áll

---

[6] „ut quibus id fiat rebus cognoscere possis,/principio meminisse decet quae diximus ante" (IV. 642-643).
[7] „Denke, wie mannigfach bald die, bald jene Gestalten,/Still entfaltend, Natur unser Gefühlen gelichn!" (75-76).

elő?"⁸; a német alkotásban ezzel szemben a tanítvány sikeres ismeretszerzését teszi szóvá mestere („Hát rójon csak az istennő titkos jeleket, ha/ szent betüit látod, meg tudod érteni már"⁹). Számottevő eltérés mutatkozik az eddigiekhez képest a magyar műben: míg a direkt instrukciók gyakoriak voltak abban, értékelő visszajelzésre nem találunk példát. Ennek egyik magyarázata a megnevezett, azonosítható címzett hiánya lehet (nincs konkrétan megnevezett tanítvány, csupán általánosan, kategóriaként jelölt címzettekkel találkozunk), a másik magyarázat ismét a tanköltemény tárgyában, a moralitásban rejlik, amely – szemben a természeti világ megfigyelésével – csekély mértékben feltételez aktív tanítványi cselekvést, az is inkább a hallgatag kontempláció, amelynek sikerességére ebben a műben nem reflektál a tanító.

A tudás megszerzése nagyban függ azoknak az ingereknek az elérhetőségétől, amelyekből következtetni lehet rejtettebb összefüggésekre. Fenomenológiai perspektívából szemlélve a stimulusok biztosítása során a személyköziség horizontja már nem puszta virtualitás vagy lehetőség (potencialitás): a didaktikus persona cselekvése arra irányul, hogy e horizontra építve egy közös fenomenális világot hívjon életre, amelyben már nem egyéni megismerői kiindulópontok horizontszerű összeéréséről, hanem egyre inkább közös kiindulópontról és horizontról beszélhetünk. A vizsgált alkotásokban a tanítók több különböző nyelvi megoldást alkalmaznak a megfelelő ingerek biztosítására, azaz a lokális felerősítésre. Elsősorban kifejtett osztenzióval, azaz közvetlen rá-, vagy felmutatással irányítják a tanítvány figyelmét a jelenségekre. A latin szövegben a stimulusok körülveszik a tanítási folyamat résztvevőit: „Az igazságról, amelyet éppen elmondok, reprezentációk és képek tűnnek fel folyton szemeink előtt, s megjelennek számunkra".¹⁰ Goethe költeményében az osztenzió prototipikus, névmási megvalósulására van példa: „És <u>így</u> jelzi magát a gyermek a növények alatt is"¹¹, illetve „Meghitten állnak <u>most</u> a kegyes párok együtt".¹² Bessenyeinél nem a reflektált jelenbeliség, és nem is a névmási deixisek, hanem a főnévi szerkezetekkel történő kijelölés tekinthető osztenziónak, ugyanakkor a megidézett esemény jelenbelivé válik, amelyet a közelre mutató névmás példáz: „Kinos Emlékezet! Ó Fársál mezeje / Hol magával küszdöt e Világ ereje, / Tiz, husz ezer hullot <u>it</u> egy fordulással!" (II. 305-308). A tanítási szituáció közvetlen (fizikai) közegére irányuló nyelvi

---

⁸ „Tum porro quid id est, animum quod percutit, ipsum/quod movet et varios sensus expromere cogit,/ex insesilibus ne credas sensile gigni?" (II. 886-888).
⁹ „Aber entzifferst du hier der Göttin heilige Lettern,/Überall siehst du sie dann, auch in verändertem Zug" (67-68).
¹⁰ „cuius, uti memoro, rei simulacrum et imago/ante oculos semper nois versatur et instat" (II. 113-114).
¹¹ „Und <u>so</u> bezeichnet sich auch unter der Pflanzen das Kind" (22).
¹² „Traulich stehen sie <u>nun</u>, di holden Paare, beisammen" (53).

rámutatások mellett olyan hagyományos retorikai alakzatok is lokális felerősítésként értelmezhetők, amelyek a műfaj korábbi megközelítésében (Dalzell 22) epikus jellemzőként, a didaktikus logikától való elszabadulásként értelmeződtek. Ilyenek a hosszasan kifejtett példázatok (Lucretiusnál: „Egyébként végig ezekben a mi verseinkben láthatsz számos elemet, amelyek más szavakkal közösek, habár mégis el kell ismerned, hogy a versek és a szavak egyike a másikával eltérőek, és különböző elemekből állnak"[13]), illetve a második személyű, jelen idejű deklarációk, amelyek a bemutatott eset általánosságára utalnak (Bessenyeinél például: „A vadaknak egybe darabolt testeket, / Sütöd, fözöd szivánbelöllök véreket" [II. 225-226]), és az ellentét, valamint a kérdés retorikai alakzatai, amelyek jelenségek megfigyelésére, véggiggondolására késztetnek (szintén Bessenyei művéből példa ezekre a megoldásokra: „Királyi Értelem: Nemzeti Szabadság; / Tekervényes Elmék: természeti vadság" [IV. 744-745], illetve: „Hol láttál oly varjat, mely rakot fészkében/Fiait felejtette vólna, el vesztében" [VIII. 1088-1089]).

A parabolikus szöveghelyek nem csupán megfigyelhető jelenségekre fókuszálnak, hanem magának az önálló cselekvésnek a lehetőségét is hordozzák. Lucretius tanítója például a II. könyv első 13 sorában részletesen bemutatja annak a szemlélődőnek a helyzetét, aki a partról lehet tanúja egy tengeri szerencsétlenségnek, maga azonban mentesül attól – ennek végiggondolása elvezetheti a tanítványt az ataraxia (szenvedélymentesség, a lélek rendíthetetlen nyugalma) állapotának megtapasztalásához, amely közvetlenül nem magyarázható el. Bessenyeinél is gyakran találkozunk olyan kifejtett példákkal, amely a tanítvány egyéni következtetéseit kezdeményezik („De az Ember tsak ugy terem erköltsében,/Mint a fa savanyu; 's édes gyümöltsében./Két gyermek egy édes anyának méhébül,/Származik egy atya; és anya vérébül./E' szeléd, és igaz; de amaz kegyetlen" [VIII. 994-998]). Tehát a parabolák poétikai-retorikai megoldásokként az inger mellett az önálló tevékenység, tapasztalatszerzés alkalmát is biztosíthatják a tanítvány számára. Megfigyelhetők azonban az elemzett művekben a cselekvésre való bátorítás esetei is, mind az antik alkotásban („ezek a csekély nyomok elegendőek egy lelkesen kutató elmének, hogy lehetővé váljon számodra az összes hátralévők feltárása"[14]), mind Goethénél („S újra csodálkozhatsz: hogy ring szárán a virág és / karcsu kocsányukon a váltakozó levelek"[15]). Ahogyan az

---

[13] „quin etiam passim nostris in versibus ipsis/multa elementa vides multis communia verbis,/cum tamen inter se versus ac verba necesse est/confiteare alia ex aliis constare elementis" (II. 687-690).
[14] „verum animo satis haec vestigia parva sagaci/sunt per quae possis cognoscere cetera tute" (I. 401-403).
[15] „Immer staunst du aufs neue, sobald sich am Stengel die Blume/Über dem Schlanken Gerüst wechselnder Blätter bewegt" (47-48).

értékelő visszajelzésre nem találunk példát Bessenyei György moralizáló tanköltményében, úgy az alkalom biztosításának sincsenek explikált formái (vagyis a magyar szöveg nem reflektál a tanítvány önálló ismeretszerzésére, jóllehet feltételezi azt), ugyanakkor a retorikai kérdések („Adhat é védelmet siró gyermekének?/Lehet é eszköze már segedelmének?" [I. 35-36]), a kérdés-válasz fordulópárok („Ami néked tettzik, ugy é, hejes dolog? / Gyávaság, gyengeség, mind másokon forog" [IX. 1190-1191]), továbbá az általános alanyt alkalmazó konstrukciók ("Igy az Ember néha méjjen okoskodván / Jól néz a setétben, látva vakoskodván!.. / Mint az Ég visgáló, ki tsillagból nézi, / Hogy az Ember sorsát mely felé intézi" [V. 726-729]) egyaránt azt a célt is szolgálhatják a mű világában, hogy a tanítvány, akinek a megnyilatkozást a didaktkus persona címezi, egyedül is gondolkodjon el az őt körülvevő világ jelenségein, s értékelje azok erkölcsi vonatkozását.

Két észrevételt mindenképpen érdemes ezen a ponton megfogalmazni. Minél inkább közeledünk a tanítási repertoár indirekt pólusához, azaz minél inkább az ismeretszerzés elősegítéseként (nem pedig közvetlen ismeretátadásként) értelmezzük a tanítási tevékenységet, annál inkább elmosódnak a kategóriák határai: egy részletezett példa értelmezhető a közös figyelem stimulusra történő ráirányításaként is, de interpretálható egy tanítványi következtetés, tapasztalatszerzés kezdeményezéseként. Irányadó lehet az a meglátás, hogy az inger biztosítása egy közös jelenségvilág létrehozására irányul, míg a tanulói tevékenység kezdeményezésével a tanító célja e közös világ sajáttá tételének (interiorizálásának) elősegítése. Az előbbi esetben a személyközi horizont válik egyre kiterjedtebbé a megismerésben, az utóbbi esetében egy új egyéni horizont formálódik a közös valóság „talaján", az tehát intenzívebb szubjektumképződésre ad módot.

Másfelől úgy tűnik, hogy az indirekt tanítás módozatok korrelálnak a műfaj epikai jellemzőivel, azokkal a poétikai eszközökkel, amelyek mentén a tanköltményt az eposz kánonképző műfajához kötötte a korábbi recepció. A leginkább indirekt tanítási aktus, a társas tolerancia eseteire fokozottan érvényesek ezek az észrevételek. Ennél a kategóriánál olyan verbális cselekvésekről van szó, amelyeket a tanító egyedül hajt végre, de nem különít el a tanítvánnyal közös, interszubjektív folyamattól, ezért azt feltételezhetjük, hogy ezekben az esetekben a didaktikus persona a tanítvány jelenlétében, mintegy azt tolerálva cselekszik, hogy ezzel mintát adjon. A legklasszikusabb megvalósulása a társas toleranciának az invokáció: a beavatott segítségül hív egy megszemélyesített felsőbb erőt, amelyhez aposztrofikusan fordul, hogy a sikeres tanítás eredményeként beavatottá váló tanítvány is megismerhesse a tudás fő forrásait. A természetről szóló tanköltményben több invokáció is előfordul (I. 1-24. Vénuszhoz, II. 1089-1100 az istenekhez, III. 1-30. Epikuroszhoz), s mint látható, a szöveg több pontján is megjelenik, amely arra enged következtetni, hogy a tanító folyamatosan törekedik a mintaadásra, amely a tudás eredményes megszerzésének záloga. Hasonló aposztrofikus invokációkat figyelhetünk meg A Méltóság keservében, ahol a társas tolerancia nyelvileg is realizálódik a többes szám első személyű igealakokban („Ó törvény; Igazság! Emberi Értelem!/Érthetetlen erö!. gyenge segedelem!/Titkos ösvényidet mikor láthattyuk meg/Mely it borit mikor oszlik el a felleg!/Isten el süllyedek örök mélységedben" [II. 335-339]).

A társas tolerancia sajátos, de példákban bővelkedő esete a tanító egyénileg végrehajtott gondolatmenete: ez afféle hangos gondolkodás a tanítvány jelenlétében. Lucretiusnál: „Azt a kérdést kellene feltenni az így beszélőnek, mi az mindebben, ami olyannyira feltűnően keserű, ha egyszer mindez az alvás és a pihenés végén jön, hogy bárkinek is véget nem érő bánatban kellene szenvednie".[16] Goethe művében, amelyben a természet közvetlen megfigyelése dominál, leginkább a tanító egyéni észrevételei, értékítéletei kapnak hangot, s tekinthetők egyúttal a természetről való autentikus beszédmód bemutatásának: „Hogy teli csipkével, bordával a sok buja síklap!"[17], illetve „ily csodakép láttán bámul az emberi szem!".[18] Bessenyeinél arra látunk példát, hogy a tanító aposztrofikusan fordul az egész közösséghez, és hozzájuk intézi szavait, amellyel mintát ad a helyes erkölcsi ítélet kialakításához: „Ti Ember bogarak: nevetséges majmok,/Mi hát üldözésre bennetek igaz ok?/Egyre, másra mentek, a halálra vakon,/Egy formán hánkódtok, az indulatokon" (IX 1262-1265).

Megállapítható tehát, hogy a tanítás funkcionális kiindulópontú, az elmék interszubjektív összehangolását előtérbe helyező modellje termékeny kindulópontot ad a tankölteményk elemzéséhez, mert nem csupán azt teszi felmutathatóvá, hogy milyen gazdag és változatos didaktikus aktusok mennek végbe az ismeretek átadása során, hanem arra is ráirányítja a figyelmet, hogy a műfaj poétikai jellemzői egyúttal az ismeretátadást nyelvileg megvalósító, vagy éppen arra reflektáló költői megoldások. Következésképpen az eredmények alapján a tanköltemény műfajisága is újraértelmezhető.

5. „Kellemesen megfogalmazott, nem pedig terjedelmes versekben mondom el" – a tanköltemény poétikussága

Noha az imént bemutatott elemzések során mennyiségi mérést nem végeztem, azaz nem vizsgáltam, mely tanítási aktusok milyen szövegbeli gyakorisággal fordulnak elő (ehhez ugyanis egyfelől az egyes kategóriák

---

[16] „illud ab hoc igitur quarendum est, quid sit amari/tanto opere, ad somnum si res redit atque quietem,/cur quisquam aeterno possit tabescere luctu" (III. 909-911).
[17] „Viel gerippt und gezackt, auf mastig strotzender Fläche" (31).
[18] „ein Wundergebild zieht den Betrachtenden an" (40).

nyelvi megvalósulásait kellene meghatározni és kereshetővé tenni, másfelől a kategóriák közötti átmeneteknél kellene egyértelmű döntéseket hozni), remélhetőleg sikerült megmutatni, hogy a tankölteményekben az indirekt ismeretátadás egyértelműen dominál. Változatosabb és gazdagabb mintázatai alakulnak ki a nem közvetlen tanításnak, mint a direkt (gyakran instrukción alapuló) magyarázatnak. Ennek egyik legfontosabb következménye a műfajra nézve, hogy nem önmagában a tanító jelenléte teszi didaktikussá a művet, hanem a tanítási szituáció folytonos újraalkotása, amely legalább olyan mértékben alapul a tanítvány közreműködésén (a puszta jelenléttől az aktív, esetenként feltételezett vagy feltételezhető cselekvésig), mint a tanító tevékenységén. Vagyis a műfaji alapstruktúrát a tanítás kognitív váza, annak poétizálódása képezi, nem egyik vagy másik szereplő szövegbeli jelenléte, és nem is (az epikai tradícióból átvett) figuratív nyelvi szerkezetek, konvenciók.

Ez utóbbiak éppen a hétköznapi ismeretátadás poétizálódásának kellékei: az aposztrofikus invokációk a társas tolerancia közegeként, az epikus parabolák, kitérések önálló tanulói cselekvés biztosításaként, a hasonlatok, alakzatok inger biztosításaként értelmezhetők. A metaforikus, allegorikus struktúrák pedig, amelyekkel a tanító első olvasatra „megédesíti" didaktikus közlését (mint a fény motívuma Lucretiusnál [I. 130-139], amely a beavatottságot szimbolizálja, a pohár szélét édesítő méz, amely a poétizálódásra utal [I. 930-944], a természet ciklikus újrateremtődésének feltárulása Goethénél [59-62, 77-80], vagy a szilárd erkölcs mint Ariadné fonala, amely kivezet az „Elmének Labirintusábul" Bessenyeinél [Prológus]), voltaképpen a tanulási folyamat kibontakozására reflektálnak. Tudatos poétizálásról beszélhetünk tehát, amelyet nem az epikus tradíció (pontosabban az annak való megfelelés igénye) irányít, hanem a tanítás összetett tevékenységének minél eredményesebb megvalósítása. Egyúttal tudatos költészetről van ez esetben szó, amelynek célja, hogy a szépirodalom közvetett (térben és időben távolító) diszkurzusába a tanítás interszubjektív közvetlenségét csempéssze be.

Belátható tehát, hogy didaktikusság és poétikusság feltételezi egymást a tanköltemény műfajában, és a tanítás nem megy a költőiség rovására. A tanítás cselekvési kontextusa megismerési helyzetként teremti meg azt a személyközi alapot, amelyre alapulva az aktuális ismeretátadás szó szerint figurálódni tud, azaz poétikai eszközök révén kibontakozik. Ha visszatekintünk az átadott ismeretekre (atomista filozófia, a Természet rejtett törvényei, az államférfi erkölcsi felelőssége), felismerhetjük, hogy az elemzett művek tanítói – szemben a sokat hangoztatott arisztoteliánus kritikával – nem konkrét ténybeli tudást kívánnak átadni a tanítványnak (és a befogadónak). Sokkal inkább olyan képességet (*tekhné*) próbálnak kialakítani, amellyel értelmezhetővé válnak a világ jelenségei, illetve amelynek révén a tanítvány boldogulni tud a világban. Egyfajta szemléletmód képességét, egy új perspektíva működtetését szeretné a tanító elérni, mégpedig a tanítvány (időnként kifejezetten aktív) közreműködésével. Következésképpen – a napjainkban is érvényes elméleti megközelítéstől (Marković 9-10) eltávolodva – ezek a szereplők nem rögzült retorikai pozíciót foglalnak el: folytonosan és egymáshoz képest érvényesülő, azaz dinamikusan konstruált résztvevői a tanítási-tanulási folyamatnak. A tudás passzív átvétele helyett tehát valóban „az igazság aktív becserkészése" megy végbe a művekben, „a tanár nyomain haladva" (Fowler, „The Didactic Plot" 210).

A didaktikus persona korábban felvetett stabilitása mint műfaji jellemző tehát a tanítási folyamatban gyökerezik. Amennyiben ezt a folyamatot Don Fowler nyomán egy elbeszélés cselekményének kibontakozásaként értelmezzük, érvelhetünk amellett, hogy a tanító voltaképpen olyan elbeszélő alany (narratív szelf), amely a mű során formálódik meg, és a rejtett tanok elbeszélésének aktusában nyeri el stabilitását. Ez a megközelítés azonban, amely ily módon a tanköltemény epikus műfajként teszi értelmezhetővé, nem számol a tanítvány alakjával, továbbá azzal a megfigyeléssel, hogy a tanítás interszubjektív aktusok sorozataként valósul meg a költeményekben. Miközben épít a másik jelenlétére (hiszen – akár kifejtetté válik nyelvileg, akár nem – neki szól az elbeszélés, ő a hallgatója), az elbeszélő alany képződésének koncepciója nem használja ki a megismerés személyközisségében rejlő lehetőségeket olyan mértékben, mint ahogyan azt a tanköltemények oktatója teszi. Ráadásul a tanköltemény narratív modellje egy előzetesen adott tudás nyelvi kifejtéseként teszi értelmezhetővé a tanítást, nem pedig e tudás közös és kölcsönös megalkotásaként.

Ezért az elemzések alapján azt javaslom, hogy a műfaj jellegadó tulajdonságának a tudás aktív létrehozását, illetve az ebbe történő bevonódást tekintsük. Ekkor a megismerő, azaz a tanítvány kerül a figyelem középpontjába, aki egy számára idegen tapasztalattal szembesülve éli át a világról szerzett tudása újrarendeződését, melynek során a kaotikusnak tűnő megfigyelésekből rendezett mintázat emelkedik ki, a megismerő pedig alanyként konstruálódik. A fenomenológiai szakirodalom traumatikus szubjektivitásnak nevezi ezt a konstrukciót (Ullmann 30-32), amely egyben egy újonnan előálló kognitív kiindulópont is. Korántsem véletlen, hogy a vizsgált művekben a tanító rendre a látás, a rendezettség metaforáival utal erre az állapotra, hiszen miközben a tanítványt bevonja az ismeretszerzésbe, saját tudását is újrarendezi. Éppen ezért kettős szubjektumképződési folyamatnak lehet a befogadó a tanúja a tanköltemény elolvasásakor, ám e két folyamat együttesen, egymást feltételezve megy végbe.

6. Műfajiság és megismerés – következtetések

Ebben a tanulmányban a műfajnak a megismerés közegeként történő újraértelmezésére tettem kísérletet a tankölteméyek példáján keresztül. A vizsgált műfaj jellegzetessége, hogy két résztvevő megismerő kiindulópontjának interszubjektív kapcsolatán keresztül kezdeményezi a világ és az ember viszonyának újraalkotását. A nyelvi-poétikai megformálás (rámutatások, a másik elmére irányulás kifejezése, aposztrofikus aktusok és figuratív szerkezetek) ebben a folyamatban nyerik el jelentőségüket: poétizálják, azaz közvetlenné, élményszerűvé teszik a tanítást. Itt tehát olyan nyelvi performativitás tapasztalható, amely egyfelől a műfajt a kogníció sajátos műveleteihez és szerkezeteihez köti, ezért az nem a kategóriába sorolás eszköze, hanem olyan kognitív fülke (Spolsky xxi-xxiii), amely újraalkotásra hív – ez áll az előreható, proakítv műfajfogalom középpontjában. Másfelől a tanítás nyelvi performanciája ugyanúgy szubjektumképződéshez vezet, mint a test jelenlétének tapasztalata, vagy egy narratív rendezettség kialakítása és az arra történő reflektálás, ám középpontjában a másikkal mint megismerő elmével történő találkozás eseménye áll, amely összetettségében meghaladja a személyköziség puszta horizontalitását. A tanköltemény tehát az interszubjektivitás közegét feltételezi, és arra alapozva teremti meg a világgal szemben a szubjektív viszonyulás lehetőségét.

Hivatkozott irodalom

Armstrong, Carol M. „Edgar Degas and the Representation of the Female Body". *The Female Body in Western Culture. Contemporary Perspectives.*
Szerk. Susan Rubin Suleiman. Cambridge: Harvard UP, 2003. 223-242.

Bessenyei György. „A Méltóság keserve". *Bessenyei György összes művei. Időskori költemények.* Budapest: Balassi, 1999. 71-157.

Cari, T. Lucreti. *De rerum natura. Libri sex.* Ford. H. A. J. Munro. London, Cambridge: George Bell and Sons, Deighton Bell and Co., 1903.

Croce, Benedetto. „Esztétika dióhéjban". In: *A szellem filozófiája. Válogatott írások.* Vál. Kaposi Márton. Budapest: Gondolat, 1987. 245-287.

Dalzell, Alexander. *The Criticism of Didactic Poetry: Essays on Lucretius, Virgil, and Ovid.* Toronto, Buffalo, London: U of Toronto P, 1996.

Dimock, Wai Chee. „Introduction: Genres as Fields of Knowledge". *PMLA* 122.5 (2007): 1377-1388.

Fowler, Alastair. *Kinds of Literature. An Introduction to the Theory of Genres and Modes.* Oxford: Clarendon P, 1982.

Fowler, Alastair. „The Formation of Genres in the Renaissance and After". *New Literary History* 34 (2003): 185-200.

Fowler, Don. „The Didactic Plot". In: *Matrices of Genre. Authors, Canons, and Society*. Szerk. Mary Depew és Dirk Obbink. Cambridge: Harvard UP, 2000. 205-219.
Goethe, Johann Wolfgang. „A növények alakváltozása". In: *Johann Wolfgang Goethe válogatott művei. Versek*. Vál. és ford. Lakatos István. Budapest: Európa, 1982. 252-254.
Hajdu Péter. „Az *Ars poetica* mint tiszta költészet". *Helikon Irodalomtudományi Szemle* 61.3 (2015): 309-326.
Hardie, Philip. „Az *Ars poetica* és a didaxis poétikája". *Helikon Irodalomtudományi Szemle* 61.3 (2015): 340-351.
Husserl, Edmund. *Karteziánus elmélkedések. Bevezetés a fenomenológiába*. Budapest: Atlantisz, 2000.
Kline, Michelle Ann. „How to Learn about Teaching: An Evolutionary Framework for the Study of Teaching Behavior in Humans and Other Animals". *Behavioral and Brain Sciences* 38 (2015): 1-17.
Kocsány Piroska. *Szöveg, szövegtípus, jelentés. A mondás mint szövegtípus*. Budapest: Akadémiai, 2002.
Kulcsár-Szabó Zoltán. „»Én« és hang a líra peremvidékén". In: *Metapoétika. Nyelvszemlélet és önprezentáció a modern költészetben*. Budapest, Pozsony: Kalligram, 2007. 80-142.
Lőrincz Csongor. *A költészet konstellációi. Adalékok a modern líra történetéhez és elméletéhez*. Budapest: Ráció, 2007.
Marković, Daniel. *The Rhetoric of Explanation in Lucretius' De rerum natura*. Leiden, Boston: Brill, 2008.
Merleau-Ponty, Maurice. *Az észlelés fenomenológiája*. Budapest: L'Harmattan Kiadó, Magyar Fenomenológiai Egyesület, 2012.
Ritter, Joachim. „Szubjektivitás és ipari társadalom. A szubjektivitás hegeli elméletéről". In: *Szubjektivitás. Válogatott tanulmányok*. Szerk. Miklós Tamás, ford. Papp Zoltán. Budapest: Atlantisz, 2007. 57-79.
Simon Gábor. *Bevezetés a kognitív lírapoétikába. A költészet mint megismerés vizsgálatának lehetőségei*. Budapest: Tinta, 2016.
Spolsky, Ellen. *The Constructs of the Fiction. Cognition, Culture, Community*. Oxford: Oxford UP, 2015.
Ullmann, Tamás. „A narratív, a traumatikus és az affektív szubjektivitás". In: *Az identitás alakzatai*. Szerk. Bujalos István, Tóth Máté és Valastyán Tamás. Pozsony, Budapest: Kalligram, 2013. 21-36.
Volk, Katharina. *The Poetics of Latin Didactic. Lucretius, Vergil, Ovid, Manilius*. Oxford: Oxford UP, 2002.

HORVÁTH LAJOS

VÁGYKÉPSZERŰ ÁTVÁLTOZÁS-TÖRTÉNETEK A *SHAKESPEARE SZONETTJEI*BEN

William Shakespeare *Shakespeare's Sonnets* című kötete 1609-ben jelent meg Londonban, először Thomas Thorpe kiadójának a jóvoltából, aki 1609. május 20-án jegyeztette be Shakespeare művét a Stationer's Registernél. Az így jogvédelem alá helyezett első kiadást George Eld nyomdájának köszönhetően William Ashpley és John Wright könyvkereskedők kezdték el terjeszteni. Mindezek ellenére feltételezhető, hogy a szonett kötetkiadásához Shakespeare nem járult hozzá, vagyis a kis példányszámban megjelent mű a mai értelemben kalózkiadás volt. A műben a százötvennégy szonettet tartalmazó Quartot követi az *A Lover's Complaint* 329 soros elbeszélő költemény, mintegy a szonettek függelékeként, Shakespeare írásaként feltüntetve, mindenféle előszó és megjegyzés nélkül. Emiatt többen megkérdőjelezik Shakespeare szerzőségét és a téma eredetiségét, hiszen az 1590-es években mások is írtak hasonló jellegű költeményeket (például Anthony Chute: *Beauty Dishonoured*, Samuel Daniel: *The Complaint of Rosamond*), és ennek megfelelően kétes értékűnek tekintik Shakespeare életművében. Ugyanakkor a kortárs irodalomkutatók igyekszenek újraértékelni Shakespeare költészetét. Ennek eredménye a műről nemrég kiadott tanulmánykötet. Egy termékenynek bizonyuló megközelítés (Hajdu 309-310) szerint a műfaj irodalomtudományi kategóriaként egy kommunikációs helyzethez kötődik, amelyben a mű megjelenik, vagy amelyet a mű színre visz. Következésképpen a szubjektivitás műfaji mintázatainak kutatása feltételezi további szubjektumok aktivitását a mű világában. Másként fogalmazva a műfaj az alannyá válás interszubjektív közegeként, feltételrendszereként értelmezhető.

A szonetteket záró költemény magyar nyelven először Győry Vilmos fordításában jelent meg 1880-ban *A szerető panasza* címmel, majd 1958-ban Keszthelyi Zoltán ültette át magyarra. Ezt a fordítást a Magvető Kiadó 1959-ben magyar nyelven még ismeretlen költeményként közölte *A szerelmes panasza* címmel – Győry Vilmos korábbi fordítását nem említve. A költemény újrafordítása 2014-ben, majd 2016-ban jelent meg, legutóbb saját fordításomban.[19] Jelen tanulmányban az úgynevezett „Vénusz-hatás" megjelenését vizsgálom részletesebben, a szonettekben kibontakozó egyik lehetséges történetelem ekfrázisként való értelmezhetősége mentén, párhuzamba vonva magát a jelenséget is, néhány reneszánsz korabeli festménnyel.

Az *ekphrasis* trópusa mint a képleírás vagy a szavakkal való látványteremtés alakzata már Ovidius *Átváltozások* (*Metamorphoses*) című művében is felfedezhető (Konkoly 56), amit Shakespeare is jól ismert a szonettírások során (Bate 2-3). Ugyanakkor a szonettek összehasonlító vizsgálata alapján szintén kimutatható a katakrézis trópusa, amely egyaránt jelenthet képzavart és helytelent a klasszikus retorikában (Bollobás, „A katakretikus jelentésbővülésről"): a katakrézis „retorikai művelete a kibővítés, illetve kiterjesztés, amelynek során egy meglévő kifejezés jelentéstartományában egy új jelentés kap helyet, amelynek mindaddig nem volt nyelvi helye". A katakretikus jelentésbővülés alapján „a szót vagy kifejezést olyan dolognak a megnevezésére használjuk, amire nincs megfelelő szó", de „valójában nemcsak a kifejezés nem létezik még, hanem a fogalom sem", és „eközben el is kerüli a dolgok új megnevezését, amennyiben egy meglévő kifejezésben ad nyelvi helyet az új fogalomnak" (Bollobás, „A katakretikus jelentésbővülésről"). A katakrézis érvényesülése a szonettekben leginkább a 109-es szonettben megjelenő „preposterouslie" szó miatt válhat mérvadóvá. A 109:Q_3:3 anagramma értékű kifejezése (elő-utó-Erósz-fekszik/hazudik),[20] a 153:Q_1:1 (Cupido a védjegye mellett feküdt és elaludt),[21] illetve a 154:Q_1:1 (egyszer a kis szerelemisten feküdt és aludt)[22] szemantikai és strukturális összefüggései eleve utalhatnak egy-egy közismert reneszánsz festményre, ami az egyes szonettek forrásául is szolgálhatott.[23] A *Shakespeare Concordance* alapján a „preposterouslie" szó a 16. század közepéből származik, Shakespeare műveiben pedig mindössze ötször fordul elő: az *V. Henrikben* (2.2.112),[24] *A windsori víg nőkben* (2.2.223),[25] *A Szentivánéji álomban* (3.3.121),[26] az *Othelloban* (1.3.62),[27] és a *Szonettekben*

---

[19] *Egy szerető panasza* címmel magam is megpróbálkoztam a fordítással. Köszönöm ekképpen a közreműködést Hetényi Zsuzsának, Ferencz Győzőnek és Száz Pálnak szintén!
[20] Preposterouslie: pre-post-eros-lie.
[21] „Cupid laid by his brand and fell a sleepe". Booth, Stephen. *Shakespeare's Sonnets*. New Haven and London: Yale UP, 2000. 131.
[22] „The little Loue-God lying once a sleepe". Booth, Stephen. *Shakespeare's Sonnets*. New Haven and London: Yale UP, 2000. 133.
[23] A *Rövidítések jegyzékét* lásd a tanulmány végén.
[24] „That wrought upon thee so preposterously". Vö. Shakespeare, William. *King Henry V*. Szerk. John Dover Wilson. Cambridge: Cambridge UP, 2009. 27.
[25] „Methinks you prescribe to yourself very preposterously". Vö. Shakespeare, William. *The Merry Wives of Windsor*. Szerk. John Dover Wilson. Cambridge: Cambridge UP, 2009. 35.
[26] „That befal prepost'rously". Vö. Shakespeare, William. *A Midsummer Night's Dream*. Szerk. R. A. Foakes. Cambridge: Cambridge UP, 2003. 99.

(109:11).²⁸ A „preposterous" szónak is elenyésző, szám szerint hét előfordulása van: a *VI. Henrik 3. részében* (5.6.5),²⁹ a *Lóvá tett lovagokban* (1.1.239),³⁰ a *Téli regében* (5.2.143),³¹ az *Othelloban* (1.3.321),³² a *III. Richárdban* (2.4.65),³³ *A makrancos hölgyben* (3.1.9)³⁴ és a *Troilus és Kresszidában* (5.1.23).³⁵

Az alvó puttók vagy vak szerelmek a reneszánsz zsánernek való megfelelés révén utalhatnak az elvakult szerelmesek tetszhalálára is, különleges szenvedélyként vagy passiójátékként, esetleg egyéni szenvedéstörténetként, sőt, ez nem feltétlenül csak a kifejezésre vonatkozó műfaji elvárásoknak feleltethető meg, az arra utaló, kultikus értelmében. Cupido eleve Venus és Mars fiú utódja, akinek csecsemőtestvérei, a hozzá hasonló amorettek vagy puttók, Eroshoz és Venushoz hasonlóan, szintén a különböző vágyak megtestesülései. Ennél a pontnál viszont a hipogrammaként is értelmezhető nevek válhatnak jelentőssé (Chase 126),³⁶ amennyiben Eros nevére mint a rejtőzködő vágyra, Venus nevére mint a kielégíthetetlen vágyra, Cupid nevére mint a menthetetlen vágyra, Will nevére pedig mint a nyughatatlan vágyra gondolunk, figyelembe véve a szonettek egyes szövegösszefüggéseit (Horváth Lajos, „Az ámorteológia érvényesülése a Szonettekben"). Quintilianus ugyanakkor már a katakrézist is úgy határozta meg, mint „mikor a saját elnevezéssel nem bíró dolgokra ráadjuk azt a nevet, amely legközelebb esik hozzá", így pedig a katakrézis

---

²⁷ „For nature so preposterously to err". Vö. Shakespeare, William. *Othello*. Szerk. Norman Sanders. Cambridge: Cambridge UP, 2003. 81.
²⁸ „That it could so preposterously be stained". Vö. Shakespeare, William. *The Complete Sonnets and Poems*. Szerk. Colin Burrow. Oxford: Oxford UP, 2002. 599.
²⁹ „And both preposterous; therefore, not »good lord«". Vö. Shakespeare, William. *The Third Part of King Henry VI*. Szerk. John Dover Wilson. Cambridge: Cambridge UP, 2009. 111.
³⁰ „I did encounter that obscene and most prepostrous event". Vö. Shakespeare, William. *Love's Labour's Lost*. Szerk. John Dover Wilson. Cambridge: Cambridge UP, 2009. 10.
³¹ „being in so preposterous estate as we are". Vö. Shakespeare, William. *The Winter's Tale*. Szerk. John Dover Wilson. Cambridge: Cambridge UP, 2009. 101.
³² „natures would conduct us to most preposterous conclusions". Vö. Shakespeare, William. *Othello*. Ed. Norman Sanders. Cambridge: Cambridge UP, 2003. 92.
³³ „O, preposterous and frantic outrage". Vö. Shakespeare, William. *Richard III*. Szerk. Burton Raffel. New Haven / London: Yale UP, 2008. 83.
³⁴ „Preposterous ass, that never read so far". Vö. Shakespeare, William. *The Taming of the Shrew*. Szerk. Ann Thompson. Cambridge: Cambridge UP, 2003. 105.
³⁵ „take and take again such preposterous discoveries!". Vö. Shakespeare, William. *Troilus and Cressida*. Szerk. John Dover Wilson. Cambridge: Cambridge UP, 2009. 96.
³⁶ „A hipogramma fogalma Saussure jegyzetfüzeteinek egyes részleteiben bukkan fel, melyeket 1971-ben Jean Starobinski tett közzé *Les mots sous les mots: Les anagrammes de Ferdinand de Saussure* (Szavak a szavak alatt: Ferdinand de Saussure anagrammái) címmel. Saussure fejtegetése szerint a latin költészetet tulajdonnevek szótagjainak vagy formáinak kódolt ismétlődése szervezi". Vö. „Az anagramma, röviden összefoglalva, akár fikció is lehetne: szótagok véletlen előfordulása, amit kulcsszóként vagy tulajdonnévként olvasnak (félre)" (Chase 118).

sem más, mint „az eredeti saját kifejezés hiánya, a lexikális hézag vagy hiány" (Parker 123).[37] Parker alapján, „a katakrézis azonosítása a metaforikus átvitelekkel való visszaélés, főleg abban a formában, melyet »erőltetett« metaforaként ismerünk, nemcsak a reneszánsz folyamán, hanem napjaink definiálási próbálkozásaiban is nyomon követhető" (119). Ugyanakkor a reneszánszban a finom beszéddel való visszaélés maga a katakrézis, vagyis „szócsere", „a szavakban való szűkölködés" (124).

Az Eros, Venus, Cupid, Will nevek eredetüket tekintve (szó szerint) egyformán „vágy"-at jelentenek, így könnyen beemelhetővé válik a *prosópopoiia* (arcadás, arcrongálás) trópusa is, miszerint „a prosopopeia de Man-i fordítása vagy definíciója már olvasás, és valóban egy arc adása" (Chase 108).[38] Ilyen értelemben a szövegből kiolvasott és a láthatatlan vágyat ekképpen is megtestesítő eszményi alakok nevei utalhatnak a vágy változatos megjeleníthetőségére, illetve a többféleképpen is megnyilvánuló vágy jelképes vagy képszerű ábrázolására, ha csak a reneszánsz korabeli emblémákra gondolunk, illetve az *ut pictura poesis* (festészetet és költészetet hasonneműnek gondoló) elvére (Fabiny 21). Felmerülhet ugyanakkor az is, hogy „szó és kép viszonya talán a reneszánszban ihlette a legtöbb vitát", amennyiben „a költészet beszélő kép, míg a festészet néma költészet" gondolata mögött egyfajta különleges presztízskérdés vált körvonalazhatóvá (Szőnyi). Az alvó puttók szonettbeli feltűnései mellett egyéb olyan szövegösszefüggések is felfedezhetők Shakespeare szonettjeiben, amelyek a zsánernek megfeleltethető ámorteológiára utalhatnak. Az ámorteológia megjelenésére Q-ban példa még a 126:C5: „minion of her pleasure" (az élvezetének a kicsinyített képmása),[39] illetve a 3:Q3:1: „Thou art thy mother's glass" (te vagy az anyád tükre).[40] Az iménti két sornak könnyen lehet szemiotikai jelentése, amennyiben Vénusz tükrére gondolunk, ami szintén megjelenik a Shakespeare által is jól ismert Ámor és Psyché történetében (McPeek 69). Ugyanakkor a „preposterouslie" szó és a szonettekben megjelenő ámorteológia érvényesülésének jelentőségét alátámaszthatja még az „amorously" szó egyetlen előfordulása az *Egy szerető panaszában* (205),[41] illetve az „amorous" szó előfordulása tizennégy másik Shakespeare-műben (szám szerint huszonháromszor).[42] Ahogy a

---

[37] „a katakrézis kifejezések átvitele egyik helyről a másikra, melyet akkor alkalmaznak, amikor saját szó nem létezik" (Parker 123).
[38] „A *prosopon* „arcként" vagy „maszkként", és nem „személyként" való fordítása arra utal, hogy az arc feltétele – nem pedig megfelelője – a személy létezésének."
[39] „Yet fear her O thou minion of her pleasure."
[40] „Thou art thy mother's glass and see in thee."
[41] „With twisted metal amorously impleached". Vö. Shakespeare, William. *The Complete Sonnets and Poems.* Szerk. Colin Burrow. Oxford: Oxford UP, 2002. 708.
[42] *Search results.* OPENSOURCESHAKESPEARE [online], 2016. 10. 01. http://www.opensourceshakespeare.org/search/search-

„preposterouslie" szóban is ott rejtőzködik a vágy, ha csak az Erósz szó jelentésére gondolunk, ami egyszerre utalhat a szerelemre és a szexuális vágyra, úgy válhat feltűnővé az önmagát leplező vágykép is a különféle szófordulatokban. A szonettek retorikai-stilisztikai szerkesztettsége[43] viszont azért is lehet lényeges aspektusa az ilyen jellegű irodalomtudományos vizsgálódásnak, mert azt például Arisztotelész is alátámasztja a *Retorikában* és a *Poétikában*, hogy az igazi szónoki beszéd alapvetően becsaphatja mindazokat, akikre azzal a beszéd előadója szóbeli és ezáltal érzelmi hatást is gyakorol. Olyanfajta vágyat keltve vagy ébresztve a befogadóban, amiről korábban talán még álmodni sem álmodott, vagy akár még álmodni sem álmodhatott. Ugyanakkor az álomvilágba ejtő képes beszéd jelentősége azért tűnhet mérvadónak, mert már Apuleius *Az aranyszamár* című regényében Vénusz tükre ejti mélységes sztüxi álomba azt, aki belepillant, vagyis Ámor szerelmét, Psychét. Az alvó puttók ábrázolása viszont ugyanúgy közhelye volt a reneszánsznak, ahogy az amorettek is megsokszorozódtak már az ókorban, amennyiben azokra a szárnyas és pufók csecsemőkre gondolunk, amelyek a sírokat és a domborműveket díszítették, a barokkban pedig szinte tömegével jelentek meg a mitológiai tárgyú képeken és szoborcsoportokon.

Két közismertebb reneszánsz korabeli festmény is ábrázol egy-egy alvó szerelemistenséget: Tiziano *Vénusz és Adonisz*a 1554-ből (1), illetve Zucchi *Ámor és Psyché*je 1589-ből (2).[44] Tiziano festménye a háttérben jóllakottan henyélő Cupidót mintegy mellékes alakként ábrázolja, akinek fel sem tűnik önkívületi állapotában a halandó szerelméért rajongó Vénusz elragadtatott viselkedése, gyakorlatilag a középpontban, habár a kép középmetszetén igazából Vénusz jobb karja látható, ahogy magához öleli a vállalhatatlan vágytól viszolygó Adonisz keblét. Zucchi festményén az alvó Ámort lefegyverzi a Diánának szentelt Psyché, ami külön kis történetbetoldásként ugyancsak kibontakozik a 153-as és a 154-es szonettben. Tiziano festménye szintúgy összehasonlíthatóvá válik Shakespeare *Vénusz és Adoniszá*val, hiszen Shakespeare-nél is felfogható átváltozásként a történet a sok hasonlat miatt. A Vágy ilyen jellegű shakespeare-i „átváltozás-történetét" ugyanakkor alátámaszthatja az is, miszerint Shakespeare a Golding-féle Ovidius-fordítást használta, és az ovidiusi átváltozás-történeteknek is eleve örökölt korpusza volt az antikvitásban, vagyis hasonlóképpen nyúlt Shakespeare Ovidiushoz, mint Ovidius a görög forrásokhoz, sőt már a *Venus és Adonis*ban is a retorikus séma marad fontos Shakespeare-nél (Bate 48).

---

results.php?link=con&works[]=*&keyword1=amorous&sortby=WorkName&pleasewait=1 &msg=sr.

[43] Vö. Hódossy Annamária. *Shakespeare metaszonettjei*. Budapest / Szeged: Gondolat / Pompeji, 2004. 10.

[44] Az *Illusztrációk listáját* és az *Illusztrációkat* lásd a tanulmány végén, a *Bibliográfia/Hivatkozott irodalom* után.

Ovidiusnál eredetijében Venus végül megnyeri Adonist Atalanta és Hippomedes történetével, amelyben a nyughatatlan vágy csellel győzedelmeskedik; a történetben igazából retorika és szerelem kalkulálhatatlansága van párhuzamban, és a véletlen folytán a vadászból lesz az üldözött. Vagyis Ovidiusnál Adonis előbb a vágynak áldozza fel önként önmagát, majd saját végzetének az áldozatává válik: ugyanakkor Shakespeare kihagyja Atalanta történetét. Nála Venus azzal csapja be Adonist, hogy elájul, és halottnak tetteti magát, így végül Adonis az ajkaival lehel életet bele, majd Venus felébredve újabb búcsúcsókot követel. A nyughatatlan vágy Shakespeare-nél tehát képtelen legyőzni a kielégíthetetlen vágyat, Venus pedig a megtestesült vágy áldozata lesz, és a tekintetét rabul ejtő látvány válik saját önkívületi állapotává, amely végül felemészti, majd megsemmisíti.

A hatalmas Vénusz mindent látó szeme szintén toposz volt már *Az aranyszamár*ban is Apuleius-nál, amelyben Ámor és Psyché története a parafrázisa lehet Narcissus és Echo parabolájának. Az elképzelhetetlen vágy magával ragadó tükörképének történetté alakítása itt gyakorlatilag visszhanggá változtatja a vágy és a lélek ellenállhatatlan kapcsolatát. Shakespeare-nél a vonzó jelenség, mintegy a megújuló természet arca, kísértő elmúlásba taszítja az ostromló idő képmását. Akárcsak a kísértésbe ejtő tükörkép látszatvalóságának a megindító emlékirata a képzeletvilágban. Abban az esetben, ha figyelembe vesszük, hogy „minden költőnek külön mitológiája, saját színskálája vagy különleges szimbólumrendszere van, amelyek nagy része nem is tudatosul", illetve ha „azt állítjuk, hogy minden költőnek egyéni képrendszere van" (Frye 362). Elgondolkodtató lehet az a frye-i megállapítás is, hogy „amennyiben az irodalomtudós a színdarabtól a lehetséges forrásszöveg irányába, onnan pedig a természetmítoszok felé halad, nem távolodik el Shakespeare-től, hanem egyre közeledik ahhoz az archetipikus formához, amit Shakespeare is újjáteremtett" (365).

> Egyes művészetek az időben mozognak, mint például a zene, mások a térben jelennek meg, mint például a festészet. A szervező elv mindkét esetben a visszatérés. Az irodalom átmenetinek tűnik a zene és a festészet között. Az irodalom ritmusát elbeszélésnek (*narrative*) nevezhetjük, a motívumot, a verbális szerkezet egyidejű megragadását pedig jelentésnek vagy jelentőségnek. Az elbeszélést halljuk vagy hallgatjuk; akkor azonban, amikor egy író egész motívumrendszerét ragadjuk meg, a jelentését „látjuk". [...] Az irodalom központi mítosza, az elbeszélés szempontjából, a keresés-mítosszal azonosítható. (365)

Venus és Adonis történetében a vágykép a testiség emlékezetévé módosul. Mindez összecseng azzal, miszerint a szubjektum mindig korporealizált – vagyis testében megképzett – szubjektum, akinek alanyiságát meghatározzák a testnek a társadalmi normákhoz (mint Adonis viselkedéséhez) és szövegkönyvekhez (mint Venus beszédhelyzetéhez) való kritikai viszonyulásai. Narcissus és Echo történetében a zavaró hangzás kábulatba ejt. Ez viszont inkább arra utal, hogy az alany mindig kapcsolati szubjektum, vagyis az azonosságélmények kapcsolati hálózatában konstituálódik. Ámor és Psyché történetében a halhatatlan isteni vágy viszont megtestesül a halandó emberi lélekkel. Talán leginkább ez utal arra, hogy az alany mindig narratív, hiszen Ámor elbeszéli Psychének, hogyan szeretett bele, vagyis a szubjektum tudatosodási folyamata elválaszthatatlan az Én önnarrációjától, amely egyaránt testi indíttatású és kapcsolati. Mindezek alapján a szóvá tett tartalom pusztán csak az archetipikus jelképek összhangzása az egyéni történetekben, ami gyakorlatilag maga a szubjektum-performativitás.

Érdekes kiindulópont lehet az is, hogy „a platóni retorika a lelkek alakítása a szavak segítségével", ahol „a szó hatalma a lélekvezetés", és „az igazság és a lélek retorikája" (Horváth Kornélia 63). Ez könnyen összeegyeztethető például Ámor és Psyché mítoszával, amennyiben azt a halhatatlan lélek jelképes történeteként értelmezzük, és leegyszerűsítjük az ismeretlenül is bennünk szunnyadó vagy bennünk bujkáló és rejtőzködő vágy lélekemelő magasztalásával. Ámor és Psyché története *Az aranyszamár*ban „a hatalmas Vénusz mindent látó szeme" előtt zajlik, és Psyché sorsa már idejekorán eldől Apollo jóslatával, miszerint Psyché gyászruhát öltsön, és férje is rettenetes szörny legyen, „kétszínű bajkeverő", ki magas égen szálldos, és vesztére tör a világnak, „lángja s a fegyvere is mindeneket lebíró", így pedig Vénusz haragja sem sújthatja végül Psychét.[45] A történetben Ámor előbb Vénusz „szeleburdi fiaként" jelenik meg, majd „láthatatlan lényként", később pedig „láthatatlan férjként" szólítja meg, „Asszonyomnak" nevezve Psychét, aki „senkit sem látott, csak a kiejtett szavakat hallotta" (94).[46] Apuleius alapján, miután leszállt az éj és Cupido elaludt, Psyché kezébe vette férje fegyvereit, és egyik nyílvesszejével vigyázatlanul megszúrta magát az ujja hegyén, vagyis tudtán kívül így esett

---

[45] Apollo jóslata gyakorlatilag kijelöli Psyché férjének Ámort, amennyiben Psyché a halál jövendőbelijeként nem halandó lény társa lesz, hanem magáé a „Halhatatlanságé", hiszen az Ámor név szókezdő fosztóképzője (*a-* mint nincsen) módosítja a névszótő (*mor* mint halál) eredeti jelentését. Vö. „Vidd fel az égretörő hegycsúcsra király a leánykát,/S gyászfátyolba borítsd, mint a halál jegyesét./És ne reméld, hogy a férje halandó törzsbeli sarj lesz,/Rettenetes szörny lesz, kétszinü bajkeverő" (90).

[46] Később Psyché saját szavaival is előkészíti láthatatlan férje megnevezését. Vö. „Száz halált haljak inkább, mint hogy a te drága-drága szerelmedről lemondjak. Különb vagy Cupidónál, akárki vagy, szeretlek, mint az életemet, imádlak halálosan", később pedig a következőképpen folytatja a hízelgést: „Édeském, férjecském, én drága lelkecském!" (94). Vagyis Psyché gyakorlatilag saját magára is kimondja a számára még ismeretlen végkifejletet, amennyiben kivetíti a láthatatlan lény elképzelhetetlen képmására is a saját lelkét, hiszen Psyché később Ámor közbenjárására istenséggé válik, vagyis így lesz belőle a halhatatlan lélek képzeletbeli megtestesülése.

szerelembe férjével, akit újra megpillantott ágyukban, a gyertyalánggal megvilágított rejtekükön. Később Cupido elmondta Psychének, hogy önmagán ejtett sebet ő is, csak hogy beleszeressen Psychébe. Zucchi festményén (1) a következő jelenet látható:

> Leszállt az éj, megjött a férje, s miután vitézül megvívta csókos csatáit, mélységes álomba ernyedt. Ebben a pillanatban a törékeny testű, leheletlelkű Psychében kegyetlen sorsának gondolata erőt acéloz: elővezi a lámpát, s férfira valló elszántsággal marokra szorítja kését. De alig világította meg fölemelt lámpájával az ágyat, a titok földerült: a legszelídebb, legbájosabb vadállat, maga a szépséges Cupido szépségesen nyugszik ott! Még a lámpaláng is ragyogóbb lobogásra szökkent, amint ráesett, s az istentelen kés pengéje csak úgy szórta a szikrát. (105)

Shakespeare 153-as és 154-es szonettjeiből kiindulva mindez úgy is összefoglalható nyersfordításban, miszerint az előbbiben Cupido feküdt a fegyvere mellett és elaludt, Diána egyik szolgálólánya hirtelenjében magához ragadta a kedves szerelemre gyújtó tüzet saját előnyére. Utóbbiban a kis szerelemisten egyszer elaludt, és fektében az oldalánál hevert szívbe lángoló védjegye (esetleg beégetett bélyege vagy parazsa, stb.), és a legszebb, szüzességet esküdött, arra járó nimfa felvette a tüzet, amely annyi igaz szívet hevített és igázott le már, így tehát a forró vágy alvó hadvezérét egy szűz kéz fegyverezte le végül. A Q két záró ikerszonettje izgalmasan sűríti a szonett alanyának egyéni történetébe tömörített, vízbe mártott tűz (vagy éppen a forrásba mártott forrás) meserészletét, amely olthatatlan és csillapíthatatlan szerelemre hevíti a szubjektum lelkét („my breast") az úrnője (szeme) iránt („my mistress' eyes"). Ennél a pontnál, amennyiben eszünkbe jut a közhelyszerű megállapítás, miszerint a szem a lélek tükre, nem lenne szerencsés figyelmen kívül hagyni az ifjabb Seneca azon szállóigéjét sem, ami alapján „a lélek tükre a beszéd".[47] Arisztotelésznél mindemellett már a retorika a meggyőzés általános elmélete, képesség, módjai és lehetőségei pedig „bármely tárgy esetében érvényesíthetők", vagyis a retorika szerinte inkább igazolás, semmint lélekformálás, sokkal inkább, mint „a képzeletbeli megidézésének mesterségét tárgyalja, ellentétben a hétköznapi kommunikáció mesterségével" (Horváth Kornélia 63). Ugyanakkor az „alakzatként felfogott 20. századi retorikák" Horváth Kornélia szerint „a kifejezést, mint emlékezést és előadást tárgyalják", vagyis az alakzatok előállítását mint „egy feltételezett nyelvi normától való eltérést értelmezik" (63). Amennyiben tehát a shakespeare-i szonetteket a szerelmi költészet lélekábrázoló beszédformájaként értelmezzük a fentiek alapján, ami utalhat egyúttal a reneszánsz zsánernek megfelelő Cupido szívbe metszett képére is,

---

[47] Vö. „Imago animi sermo est". MTA [online], 2016. 11. 07. http://archivum.iti.mta.hu/Cit%E1tumok/Gyujtemeny.htm.

úgy az egyes szonettek játékosan visszatükrözik lelki szemünkben mindazon néma hangokkal leírt gondolatokat, amelyek az elképzelt és mindaddig ismeretlen vagy idegen vágyakat körvonalazzák az egyedi érzékeléssel, illetve az adott egyének sajátos és különleges érzelemvilágával. Ugyanakkor Gadamer szerint „a retorikával szemben a költői művészet legfőbb jellemzője éppen abban mutatkozik, hogy benne a nyelv nem szónoklat, és a költői szövegnek a beszélés és a megindítás vagy meggyőzés viszonyaitól függetlenül van értelmi és formai egysége" (Horváth Kornélia 66). Az ilyen jellegű, szónoklatmentes nyelvezettel bíró és attól független költői szöveg értelmi és formai egysége felveti tehát a reneszánsz korabeli Vénusz tükre vagy Vénusz szelencéje motívum beemelését az értelmezési keretbe szintén, ami Sustris (3), illetve Velázquez egy-egy híresebb festményén is láthatók (4). Ugyanakkor, amíg Sustris festményén a Vénuszt bámuló Cupido láthatja, ahogy anyja a kezeik között párosodó gerlepárt szemléli, addig Velázquez festményén a Cupido kezében anyja elé tartott tükrön át Vénusz már kinéz a festményből ránk, gyakorlatilag a középpontból. Hogy Shakespeare-t mennyire foglalkoztathatta a reneszánsz képzőművészetben is megjelenő Vénusz tükre motívum, az nyilvánvalóan kérdéses és vitatható; Tiziano (5), Vasari (6), és Veronese egyes festményei (6), vagyis az ülő Vénuszokat ábrázoló képek könnyen alátámaszthatják ugyanakkor a jelenség térnyerését a 16. századi művészetfelfogásban. Érdekesnek tűnik az is, hogy ezeken a tükörképeken Vénusz képmása jellemzően nagyobbnak látszik, mintha Vénusz tükre felnagyítaná a vágy képét (adott esetben a vágyképet is), amelyet a saját megtestesült szerelmi vágya elé helyez a tekintetével, így saját kicsinyes vágya elé vetíti a leplezetlen vagy leplezhetetlen látványát, illetve önmaga felnagyított vágyképét is.

Ezen a ponton külön kiemelendő a szójátékok szerepe Shakespeare szonettjeiben. Azok közül is az „én" és a „szem" szavak összecsengése az egyes szöveghelyeken (I: eye), amelyet már többen említettek más lehetséges szójáték mellett, amelyek szintén felvetik az antik motívumok hasonló jellegű megjelenését Shakespeare poétikájában (Horváth Lajos, „A hibák rekonstruktív jellege Shakespeare szonettjeiben" [116]). Az „én" és a „szem" szavak utalhatnak egyúttal Vénusz és Cupido viszonyának az értelmezhetőségére is, amennyiben a 20-as szonettben leírtakat Vénusz tükrének a képleírásaként értelmezzük, amely alapján az (anya-)Természet saját kezével festett egy női arcot a szonett-szubjektum kedvesére. Ő az úr-úrnője a szonett-szubjektumnak, gyöngéd női szíve van, és még a szeme is fényesebb a változékony és hamis női tetszelgésnél.[48] Vénusz tükrének

---

[48] Vö. „Lánynak festette maga a Teremtés/Arcodat, vágyam úr-úrnője! Édes/A szíved, de nem férkőzhet a tetszés/Úgy hozzá, mint a nők álnok szívéhez; […]" (Szabó Lőrinc fordítása), illetve „A Természet szép női arcot festett/számodra, úr-úrnője vágyaimnak,/a szíved is lágy, mégsem olyan feslett,/minden kis változásra meg nem inghat" (Szabó T. Anna fordítása).

ekfrázisaként a 24-es szonett is könnyen értelmezhető keretet nyújthat még, ezen az alapon, amennyiben a látványt festő szem a láthatatlan vágyképet igyekszik ábrázolni, amely mégsem egyezik semmilyen tekintetben a szeretett kedves szívével vagy lelkével. Ezt az alábbi példa is érzékeltetheti Shakespeare ekképpen is kiemelt szonettjének két különböző magyar fordításában. A szem – mint a látványt vágyképpé alakító tekintet – ugyanúgy előtérbe kerül Shakespeare-nél, többek között a 46-os, a 113-as, a 137-es, a 141-es, illetve a 148-as szonettekben. Shakespeare színdarabjaiban is becsapják a hősöket saját érzékszerveik, például Titániát vagy Zubolyt a *Szentivánéji álom*ban, ahogy adott esetben látvány és beszéd vagy látszat és valóság kettősségének áldozatává válik Lear király és Macbeth, illetve többek között a *Téli rege*ben Leontes is.[49]

XXIV

Szemem a festőt játszotta, s szívem
Lapjára karcolta be arcodat;
Ott most testemmel én keretezem,
S a távlat remek művészre mutat,
Mert, hogy hová tett, azt is látni kell
A képpel együtt s a művészen át:
Keblemnek állított boltjába, mely
Szemeiddel ablakozta magát.
Már most, nézd, szemet hogy segít a szem:
Az enyém rajzolta meg másodat,
S a tiéd szívem ablaka, melyen,
Gyönyörködni, rád-rádmosolyg a nap.
De egy varázs nincs meg e bölcs szemekben;
Csak a láthatót festik, szívedet nem.

(Szabó Lőrinc fordítása)

24.

Szemem festőt játszott: szépségedet
szívem táblájára festette le,
körülötte a testem a keret,
és talál a távlat művészete:
a festőn át meglátod a művét,
és valód látszatának igazát:
mellem boltjában ott lóg még a kép,
s a bolt ablaka lát szemeden át.
Nézd, milyet jót tesz a szemmel a szem:
szemem rajzolta meg alakodat,
és a te szemed ablak lett nekem,
s rajta át belém rád les be a nap.
Bár jó művész a szem, lehetne hívebb:
a látványt festi csak, de nem a szívet.

(Szabó T. Anna fordítása)

Ugyanakkor a festés mint erotikus aktus lehetősége festő és néző részéről egyaránt felmerült az irodalomtudományban (Armstrong 223). Armstrong alapján a festés célja a modellé válás, illetve a fogyaszthatóvá tétel, és a női akt a nyugati festőművészetben a festő tekintete és a festői érintés között ábrázolja a festett tárgyat, így állítja elő és tárgyiasítja a megképzett vágyat, s mintegy mesterségesen önkívületi állapotba helyezi az

---

[49] Vö. 46:Q$_1$:1-Q$_2$:1: „Szemem s szívem közt dúl a küzdelem:/Hogy osszák fel látványod birtokát,/Képed a szívtől tiltaná a szem,/S a szív elvitatná a szem jogát,/A szív szót emel: te már benne laksz,/(s e kamrába kristály-szem nem hatol)" (Szabó T. Anna fordítása). 113:Q$_1$:1: „szemem lelkembe néz", 113:Q$_1$:4: „látni látszik", 113:Q$_2$:3-4: „Gyors tárgyai nem hatnak lélekig/S a maga képeit sem őrzi meg", 113:Q$_3$:4: „arcod mintázza őket" (Szabó Lőrinc fordítása). 137:C:1-2: „Szív s szem a legkülönbet vélte másnak,/Ezért betege most a torzításnak" (Szabó Lőrinc fordítása). 148:Q$_1$:1-4: „Mily szemet rakott fejembe szerelmem,/Hogy nem jól jelzi, amit összeszed,/Vagy, ha jól, mivé lett bennem a szellem,/Hogy elrontja az igaz képeket?" (Szabó Lőrinc fordítása), stb.

ént (Armstrong 224). Már „Saussure nyelvfelfogása magában hordozta a szubjektum nyelvi funkcióként vagy beírottságként való értelmezését", miszerint a szubjektum „akkor válik nyelvi beszélő alannyá, ha a nyelvi differenciák mentén mozog és kizárólag a nyelvi különbségek elemeiből épül, követve az el-különböződés folyamatait" (Bollobás, *Egy képlet nyomában* 16). Vagyis „a szubjektivitást minden esetben a nyelv teszi lehetővé", az alanyiság pedig „a nyelvben konstituálódik", ugyanakkor „az »én« terminus kizárólag nyelvi természetű, azaz egyedi beszédaktusra vonatkozó kifejezés és ezáltal képes kilépni a nyelvből" (16).

A performativitás- és szubjektumelméletek határolta térben folyó gondolkodás számára lehetőség nyílik az alanyképzés performatív meghatározására. [...] A szubjektumperformativitás az alany végrehajtó megképzéséről szóló felfogás. A szubjektumot a társadalmi-kulturális normák diktálta cselekedetek képzik meg, performatív módon. (30)

Ilyen értelemben a narratív szubjektivitás, vagyis az önmagunkról való beszélés alapján a szelf a történetmegélés aktusának az ágense, sőt, mindezen felül, maga a név kimondása is tárgyiasítás már, egyszerre alanyi és tárgyi megképezés. Vagyis „az lesz »valaki«, akit a megszólító ideológia mint jelöletlen Egyiket alanyként rögzít", ami alapján a megszólító ideológia vagy „valakivé" vagy „senkivé" rögzíti a megszólítottat (Bollobás, *Egy képlet nyomában* 32). Ez történik *Az aranyszamár*ban is, ahol csak azután nevezi igazi nevén az elbeszélő Ámort, miután Psyché a lámpafénynél először látja meg férjét, később pedig már mint Amor feleségét említik a történetben.[50] Ámor viszont egyszer sem nevezi nevén magát a történetben, és a két részleten kívül mindig Cupidónak hívják, vagy egyéb állandó jelzőkkel írják körül. Shakespeare-nél ugyanígy következetesen hiányzik az Amor név a szonettekben, és csak az *Egy szerető panaszá*ban fordul elő az „amorously" szóban, ahogy arra már korábban is utaltam. Ámor azonban mégsem válhat a történet főhősévé, hiszen Bollobás szerint, „annak a »senkinek«, aki »valaki« kíván lenni, ellen kell állnia az őt senkivé konstruáló ideológiának: beszélnie kell, mégpedig úgy, hogy mondatainak alanya legyen" (Bollobás, *Egy képlet nyomában* 39). Mindez viszont Ámor esetében mégsem történik meg Shakespeare-nél, ahogy Apuleiusnál sem, sőt az LC-ben is csak a panaszkodó hölgy válik valakivé végül, ahogy Ovidius *Hősnők levelei* című műfajteremtő művében is, ami így egyfajta klasszikus mintája lehetett a szonetteket záró elbeszélő költeménynek. Rubens Vénuszai (8, 9) hasonlóképpen háttérbe tolják az anyja számára tükröt tartó Cupidót, mintegy Tiziano képének kétféle parafrázisaként (5). Ugyanakkor a tükör eredetileg is egyfajta narcisztikus motívumnak számított már a reneszánsz

---

[50] Vö. „Tudtán kívül – bár ő maga volt oka – így hullott Psyché Ámor mámorába" (Apuleius 106), illetve később „hanyatt-homlok rohanjatok segítségére a szépséges leányasszonynak, Amor feleségének, nehéz próbatételében" (119).

művészetet megelőzően, noha a „Vénusz-hatás" jelensége miatt felmerül annak a kérdése is az említett festmények esetében, hogy Vénusz talán mást lát a tükörben önmaga képmása helyett, amiért kinéz a tükrén át az említett festményekből (Bertamini, Latto és Spooner 598). Ebben az értelemben a „Vénusz-hatás" a kép észlelésekor jelenik meg azáltal, hogy a képen látható kis tükörben az önmagát csodáló Vénusz tükörképe a néző számára is láthatóvá, érzékelhetővé válik abból a szögből, ahonnan a néző a tükörképet nézi, mindaz viszont kérdéses, hogy ezekben a tükrökben Vénusz is önmagát látja, és nem a külső szemlélőt nézi (596). A kérdéskört szemléletesebbé teszik Vouet Vénuszai is (10, 11, 12), hiszen az első festményen csak Vénusz kezének tükörképe látszik, a másodikon csak Vénusz arca, a harmadikon viszont már Vénusz arca mellet a hajfürtjét tartó szolgálólány kezének tükörképe is.

Amennyiben viszont a test egyszerre látható (mintegy vizuális modellként érzékelhető) és láthatatlan (felfogható, észlelhető, mintegy értelmezhető sablon vagy séma), attól függően, hogy milyen aspektusból vizsgáljuk (mozgás stb), akkor elsősorban a látvány révén kialakuló tudás fogalmi hátteréről van szó, így annak hagyományos vagy klasszikus értelmezésében elkülönül a látványszerűség az érzékelés többi eshetőségétől (például hang, érintés, szaglás) (Grosz 96). Ugyanakkor a kommunikatív és egyéb funkciók szintén hozzájárulnak az észlelés fenomenológiájához, mintegy az észlelhető világok összefüggő vagy egységet alkotó megnyilvánulásaként, ezáltal pedig a nyelv az érzékelés értelmezhetőségének újabb terévé válik (98). Izgalmas megállapítás az is, miszerint a hiány láthatatlansága a meghatározó a gyermek számára, amikor az anyjára tekint, mint a létezése eredetének vagy forrásának a képtelenségére vagy a számára elképzelhetetlenre. Ilyen értelemben pedig a szubjektum gyakorlatilag vak marad a másik test nembeli különbségeinek az észrevételére (106). Mindez Shakespeare szonettjeiben is érzékelhető azáltal, hogy a szubjektum neme gyakorlatilag mindvégig kérdéses marad az önmagára utaló személyes „he" vagy „she" névmások hiányában, amit az „I" mint az „én" személyes névmás használata pótol az adott szöveghelyeken. Mindezek alapján viszont a megképzett vágy elbeszélhetőségének a története és előadása Shakespearenél maga a szemmel látható performativitás, amely így eleve látványossá válik a szövegtér jelenetváltásainak állandósuló ábrázolásában (Schalkwyk 15).

A képleírás mint a beszédalakzat lehetősége, illetve a megnevezhetetlennek mint szövegbeli jelentésnek az arcrongálással vagy leleplezéssel való megfosztása és az önigazolás módszere a fentiek alapján tehát alátámasztható a S-ben a jelentésátvitel trópusával. Mindezek mentén pedig a vágy eredete és a vágy forrása a szonettekben kiegészülhet a vágy keresésével, elsősorban a vágy nyelvi ábrázolása révén, amely ekképpen eredményezheti a vágykép (vágy-képek) megjelenését a Q-ban. Mintha a vágy az egyénből mint önmagából fakadna azáltal, hogy önmagát konstruálja lelki szemei előtt, a saját én-képzésével a vággyá mint tükörképpé, vagyis a saját vágyának képévé. Mindez alapján újfent felmerülhet Shakespeare-nél a mitopoétikus írásmód megjelenése, amennyiben a „mítosz eleve a lét képszerű kifejezése, ami az egyszerű szó továbbfejlesztett változata", ennek alapján „a költészet »a játék légkörében fogantatott« és »a poiesis« eleve játékfunkció" (Huizinga 129). Ugyanakkor „a játék mindig egyfajta önábrázolás", és a „játék felesleges-jellege az a voltaképpeni alap, amelyen alkotva-formálva felemelkedünk, felismerjük azt, ami különösen a művészet játékát a természet valamennyi játéktevékenységétől megkülönbözteti: azt, hogy tartósságot kölcsönöz" (Gadamer 38), mindez pedig az újrafelismeréshez vezet, amely „meglátja a mulandóban a maradandót" (72-73). Mindez alátámaszthatja azt, hogy a vágy képtelen önmagába nézni, és csak a saját vágyképe másának tekintetét képes önnönmagára vonni, vagyis önnön vágy-képébe vonzani, ahogy Narcissus is végül belefullad a vízbe, amikor gyakorlatilag éppen a víztükörrel csillapítaná a vágyát. Erre viszont már Shakespeare is utal a *Venus és Adonis* című, legelső elbeszélő költeményében, a szonetteket megelőzően (Starks-Estes 73). A fentiek tekintetében viszont Shakespeare szonettjei a megnevezhetetlen vágy különleges tükörképeiként is értelmezhetővé válnak, mint a vágy-képek sokatmondó pillantásai, vagy mint olyan beszédes tekintetek, amelyek eleve becsapják az érzékeinket a nevetséges játékukkal, illetve mindannak az észlelése által.[51]

Rövidítések jegyzéke

C: *Couplet* – Versszak száma, utána a szám a verssort jelöli, pl. C:1: Couplet első verssor.

DS: *Dedication of the* Sonnets *(A* Sonnets *ajánlása)*

---

[51] A vízbe vetett és összetépett kéziratok tartalmazhattak szerelmes szonetteket is az LC-ben. Vö. „Sok gyűrött jegyzete is volt elég,/Sóhajtva tépve, majd áztatta ár,/Hány díszes aranygyűrűt tört, de rég/Lesüppedt síremlékük lett a sár,/De több levelet rejtett a kosár,/Volt benne vérrel írt selyemvonás,/Ügyes, titokzatos, hatásvadász" (LC 43-49), illetve „Kedves ékszert is adtam, és igen/Eszes szonettekkel növeltem az/Értéküket, hogy legyen mind igaz" (LC 204-210). Mindennek fényében viszont a szonettek is, mint a szerelmek vagy éppen a Szerelem képmásai kerülnek Narcissushoz hasonlóan a víztükörbe, ahogy például Prospero is megtöri a varázslatát *A vihar*ban, mielőtt a vízbe veti a „varázskönyvét". A széttépett szonettek és a megtört varázs ugyanúgy párhuzamba vonható a felkavart vízfelszínnel, ahogy a zavaros tükörképpel is, például ahogy Narcissus vízbe fúl vagy Vénusz a (saját vagy éppen Cupido) tükrébe néz. Az ekképpen rejtetté vált tartalom viszont így mégis rögzül a különféle átváltozás-történetekbe ágyazva (vagy éppen beivódik az emlékeinkbe, amint az emlékezetünkbe vésődik).

LC: *A Lover's Complaint* – Az elbeszélő költemény a *Sonnets* ciklusban.
Q: *Quarto* – Shakespeare szonettjei a *Sonnets* ciklusban. Száma alsó regiszterben, a sorok száma előtt. Pl. Q_1:1: Első quatrina első verssor.
3Q: quatrinák a szonettben
S: William Shakespeare. *Shakespeare's Sonnets*. London: Thomas Thorpe, 1609.

Hivatkozott irodalom

Apuleius. *Az aranyszamár*. Szerk. Katona Tamás. Ford. Révay József. Budapest: Magyar Helikon, 1971.
Armstrong, Carol M. „Edgar Degas and the Representation of the Female Body". In: *The Female Body in Western Culture: Contemporary Perspectives*. Szerk. Susan Rubin Suleiman. Cambridge: Harvard UP, 2003. 223-242.
Bate, Jonathan. *Shakespeare and Ovid*. Oxford: Oxford UP. 1993.
Bertamini, Marco, Richard Latto és Alice Spooner. „The Venus Effect: People's Understanding of Mirror Reflections in Paintings". Perception 5 (2003): 593-599.
Bollobás Enikő. *Egy képlet nyomában*. Budapest: Balassi, 2012.
Bollobás Enikő. „A katakretikus jelentésbővülésről – adalékok a jelentésváltozás tropológiájához". In: In: *VLlxx. Papers in Linguistics Presented to László Varga on his 70th Birthday*. Szerk. Péter Szigetvári. Budapest: Tinta Könyvkiadó, 2013. 23-32. http://seas3.elte.hu/VLlxx/bollobas.html.
Chase, Cynthia. „Arcot adni a névnek: de Man figurái". Ford. Vástyán Rita és Z. Kovács Zoltán. *Pompeji* 2-3 (1997): 108-147.
Fabiny Tibor. „Rossz ízlés vagy művészi érték? Megjegyzések az embléma elméletéhez". In: *Ikonológia és műértelmezés 2. A reneszánsz szimbolizmus*. Szerk. Fabiny Tibor, Pál József és Szőnyi György Endre. Szeged: JATEPress, 1998. 21-32.
Frye, Northrop. „Az irodalom archetípusai". In: *Ikonológia és műértelmezés 3. A hermeneutika elmélete*. Vál. és szerk. Fabiny Tibor. Szeged: JATEPress, 1998. 359-370.
Gadamer, Hans Georg. *A szép aktualitása*. Szerk. Haraszti Judit. Ford. Bonyhai Gábor, Hegyessy Mária, Loboczky János, Orosz Magdolna és Poprády Judit. Budapest: T-Twins. 1994.
Grosz, Elizabeth. *Volatile Bodies. Toward a Corporeal Feminism*. Bloomington: Indiana UP, 1994.
Horváth Kornélia. „Irodalom, retorika, poétika." *Iskolatörténet* 12 (2005): 62-74.
Horváth Lajos. „A hibák konstruktív jellege Shakespeare Szonettjeiben". *Kalligram* 6 (2016): 113-117.

Horváth Lajos. "Az ámorteológia érvényesülése a Szonettekben". *Irodalmi Szemle* 5 (2016): 13-26. 2016. 11. 07. http://irodalmiszemle.sk/2016/05/horvath-lajos-az-amorteologia-ervenyesulese-a-szonettekben-tanulmany/.

Huizinga, Johan. *Homo Ludens*. Ford. Máthé Klára. Szeged: Universum, 1990.

Konkoly Dániel. "Látás, hallás és tapintás Ovidius Narcissus-történetében". *Ókor* 4 (2015): 56-64.

McPeek, James. "The Psyche Myth and A Midsummer Night's Dream". *Shakespeare Quarterly* 23 (1972): 69-79.

Parker, Patricia. "Metafora és katakrézis". Ford. Nagy S. Attila. In: *Figurák*. Szerk. Füzi Izabella és Odorics Ferenc. Budapest / Szeged: Osiris / Pompeji, 2004. 119-131.

Schalkwyk, David. *Speech and Performance in Shakespeare's Sonnets and Plays*. Cambridge: Cambridge UP, 2002.

Shakespeare, William. *Egy szerető panasza*. Ford. Horváth Lajos. *Irodalmi Szemle* 5 (2016): 28-36. http://irodalmiszemle.sk/2016/05/william-shakespeare-egy-szereto-panasza-vers-horvath-lajos-forditasa/, 2016. 11. 07.

Shakespeare, William. *Szonettek*. Ford. Szabó Lőrinc. http://mek.oszk.hu/00400/00494/00494.htm, 2016. 11. 07.

Shakespeare, William. *Szonettek*. Ford. Szabó T. Anna. Kéziratban.

Starks-Estes, Lisa S. *Violence, Trauma, and Virtus in Shakespeare's Roman Poems and Plays Transforming Ovid*. London: Palgrave Macmillan, 2014.

Szőnyi György Endre. *Ut pictura poesis. Rövid poétikatörténeti vázlat – Zemplényi Ferencnek ajánlva*. http://magyar-irodalom.elte.hu/palimpszeszt/zemplenyi/Utpict-Zempl02.htm, 2016. 11. 07.

Illusztrációk listája

1 Tiziano, Vecelio: Vénusz és Adonisz. 1554, olaj, vászon, 186 x 207 cm, Museo Nacional del Prado, Madrid. = WIKIMEDIA, 2016. 11. 21. https://commons.wikimedia.org/wiki/File:Titian_-_Venus_and_Adonis_-_WGA22880.jpg?uselang=hu

2 Zucchi, Jacopo. Ámor és Psyché. 1589, 173 x 130 cm, olaj, vászon, Galleria Borghese, Róma. = WIKIMEDIA, 2016. 11. 21. https://commons.wikimedia.org/wiki/File:Jacopo_Zucchi_-_Amor_and_Psyche.jpg?uselang=hu

3   Sustris, Lambert. Vénusz és Cupido. 1560, olaj, vászon, 132 x 184 cm. Musée du Louvre, Párizs. = WIKIMEDIA, 2016. 11. 21.https://commons.wikimedia.org/wiki/File:Lambert_Sustris_-_Venus_and_Cupid_-_WGA21981.jpg?uselang=hu

4   Velazquez, Diego. Vénusz a tükörrel (Rokeby Vénusz). 1649/51, olaj, vászon, 122,5 x 177 cm. Kunsthistorisches Museum, Bécs. = WIKIMEDIA, 2016. 11. 21. https://commons.wikimedia.org/wiki/File:Vel%C3%A1zquez_Venus.jpg?uselang=hu

5   Tiziano, Vecelio. Vénusz tükörrel. 1555, olaj, vászon, 124 x 104 cm. National Gallery of Art, Washington DC. = WIKIMEDIA,2016. 11. 21. https://commons.wikimedia.org/wiki/File:Titian_-_Venus_with_a_Mirror_-_Google_Art_Project.jpg

6   Vasari, Giorgio. Vénusz tükre. 1558, olaj, fatábla, 154 x 124,5 cm. Staatsgalerie, Stuttgart. = TUMBLR, 2016. 11. 21.http://drawpaintprint.tumblr.com/post/35104648291/giorgio-vasari-toilet-of-venus-1558

7   Veronese, Paolo Caliari. Vénusz tükörben. 1582, olaj, vászon, 165 x 124 cm. Joslyn Art Museum, Omaha. = WIKIMEDIA, 2016. 11. 21. https://commons.wikimedia.org/wiki/File:Paolo_Veronese_-_Venus_with_a_Mirror.jpg

8   Rubens, Peter Paul. Vénusz és Cupido. 1606/11, olaj, vászon, 137 x 111 cm. Museo Thyssen-Bornemisza, Madrid. = WIKIMEDIA, 2016. 11. 21. https://commons.wikimedia.org/wiki/File:Peter_Paul_Rubens_-_Venus_and_Cupid_-_Google_Art_Project.jpg?uselang=hu

9   Rubens, Peter Paul. Vénusz a tükör előtt. 1614/15, olaj, fatábla, 123 x 98 cm. Liechtenstein Museum, Bécs. = WIKIMEDIA, 2016. 11. 21. https://commons.wikimedia.org/wiki/File:Rubens_Venus_at_a_Mirror_c1615.jpg?uselang=hu

10 Vouet, Simon. Vénusz tükre. 1626, olaj, vászon, 135 x 98 cm. Gemäldegalerie, Berlin. = WIKIMEDIA, 2016. 11. 21.https://commons.wikimedia.org/wiki/File:1626_Vouet_The_Toilet_of_Venus_anagoria.JPG?uselang=hu

11 Vouet, Simon. Vénusz tükre. 1628/39, olaj, vászon, 184 x 153 cm. Cincinnati Art Museum, Cincinnati. = WIKIMEDIA, 2016. 11.

21. https://commons.wikimedia.org/wiki/File:Simon_Vouet_-_The_Toilette_of_Venus_-_Google_Art_Project.jpg?uselang=hu

12 Vouet, Simon. Vénusz tükre. 1640, olaj, vászon, 165 x 114 cm. Carnegie Museum of Art, Pittsburgh. = MUSEUMSYNDICATE,2016. 11. 21. http://www.museumsyndicate.com/images/1/6723.jpg

13 A szerető panasza. = Bell's Shakespeare. Volume 9. Poems. London, John Bell, 1774. = WIKIPEDIA, 2016. 11. 21.https://en.wikipedia.org/wiki/A_Lover's_Complaint#/media/File:Lover%27s_complaint.jpg

Illusztrációk

A SZUBJEKTUM SZÍNEVÁLTOZÁSAI

VÁGYKÉPSZERŰ ÁTVÁLTOZÁS-TÖRTÉNETEK A *SHAKESPEARE SZONETTJEI*BEN

13.

Bojti Zsolt

A *MAGYAR* MINT ALAKZAT A KÉSŐ VIKTORIÁNUS MELEG IRODALOMBAN ADALÉKOK A *QUEER* KULTÚRTÖRTÉNETÉHEZ

Oscar Wilde kétségtelenül a késő viktoriánus angol irodalom és a *queer* kultúrtörténetének is meghatározó alakja. A Wilde-filológia elmúlt harminc évét Richard Ellmann *Oscar Wilde* (1987) című életrajzi monográfiája határozta meg szoros korlátokat szabva a meleg irodalom kutatásának. Ezt a trendet megtörve több kritikus Wilde újraolvasását szorgalmazza. Erre példa a 2017 májusában a torontói Ryerson University által szervezett ACCUTE-konferencia, amely külön panelt szentel a Wilde-kritika elmúlt évtizedeiben megjelent új szövegeknek. Richard A. Kaye a *Palgrave Advances in Oscar Wilde Studies* (2004) című tanulmánykötetben arra hívja fel a figyelmet, hogy Wilde életének és életművének jókora része továbbra is új interpretációkat kíván; a kritika nyisson a nem kanonizált művek irányába is, hogy műveit valóban az elsődleges kontextusban érthessük meg, és ne egyfajta kritikai konvenció kitaposott ösvényén (219).

Az elmúlt évek valóban bővelkedtek az újonnan elérhető szövegekben, amelyek a jelen tanulmány elsődleges szövegeiként is szolgálnak. A *The Sins of the Cities of the Plain* (1881) több átdolgozása is megjelent az 1990-es és 2000-es években, a női karaktereket férfira cserélve. Az eredeti, párszáz példányban nyomott, Hirsch állítása szerint Wilde által is olvasott szövege azonban csak 2012-ben jelent meg először. A történet Jack Saul, egy férfi prostituált pornográf visszaemlékezése; majd az erotikus epizódok után rövid esszéket találhatunk a kor szexuális gyakorlatairól. *The Uncensored Picture of Dorian Gray* (1890)[52] a jól ismert kanonizált *Dorian Gray arcképé*nek eredetije, ahogyan Wilde szándékozta megjelentetni. A *Lippincott's Monthly Magazine* szerkesztője, Stoddart azonban annak idején módosításokat végzett a szövegen, hogy Dorian bűnei rejtve maradjanak. Ez a verzió a Wilde-kutatók számára is csak 2011-ben vált elérhetővé. Wilde és körének tulajdonítják a szintén alacsony példányszámú *Teleny* (1893) című regényt, amely ötvözi a *The Sins of the Cities of the Plain* pornográf és a *Dorian Gray*

---

[52] Dunajcsik Mátyás fordításában *Dorian Gray képmása*.

arcképe viktoriánus gótikus stílusát Camille és Teleny szerelmét leírva. Bár Wilde-ról írt könyvében a *Teleny*-t nem említi, Ellmann elutasította a gondolatot, miszerint Wilde-nak bármi köze lehetne egy ilyen pornográf szöveghez (McRae, „The Genesis of an Immodest Proposal"). A kritika mindeddig tehát nehézségekbe ütközött, hogy szövegszinten bizonyítsa Hirsch állítását, miszerint Wilde is részt vett a szöveg írásában, annak ellenére, hogy a regény mindvégig elérhető volt. Ebben a kontextusban szintén jelentőséget kap Eric Stenbock „The True Story of a Vampire" című novellája. Edward Prime-Stevenson *Imre* (1906) című regényét a kritika az első olyan angol nyelven írt, nyíltan homoszexuális regénynek tartja, amely a szereplői pozitív kilátásaival zárul. Bár a nyomtatására több kísérlet is tettek, a produktumok többször olvashatatlan vagy nehezen elérhető forrásoknak bizonyultak. 2003 óta azonban a szöveg megbízható gondozásban ismét elérhető. Az amerikai származású Prime-Stevenson művét Xavier Mayne álnéven, Nápolyban adta ki, beilleszkedve ezzel az európai (Wilde-hoz erősen kapcsolódó) meleg irodalmi közösségbe. A regény már nem a testről, hanem az angol Oswald és a magyar katona, Imre szerelméről és öndefiníciójáról szól.

A nem kanonizált művek tartalma és a szexuális test megjelenítése a fikcióban érdekes elméleti és kultúrtörténeti kérdéseket vet fel. Foucault a *Felügyelet és büntetés* (1975) című munkájában a test és hatalom viszonylatában úgynevezett „engedelmes testekről" ír. Véleménye szerint ebben a diskurzusrendben a test kizárólag egy tárgy, amely a hatalom diszkurzív erejét tükrözi. A test engedelmességet mutat, hiszen kizárólagos tárgyi mivoltából, mozgásából, tartásából és helyzetéből az azt alakító mindenkori hatalom szerveződését olvashatjuk ki. Ez igaz lehetne a késő viktoriánus angol irodalomban elbeszélt testekre is. A XIX. század második felében a cenzúra és jog nagy figyelmet fordított a szexualitás, a test és hasonló témák reprezentálhatóságára. Ennek legfontosabb fordulópontja az 1868-as Hicklin Standard (vagy Hicklin Test) bevezetése. Bristow szerint ez a módosítás tette lehetővé a bírák számára, hogy olyan szavakat, mint „obszcén" vagy „korrupt" gyakorlatilag bármely műre alkalmazzanak, amely távolról testi vagy szexuális témával foglalkozott. Ebben a jogi kontextusban a homoszexuális test elbeszélése, még ha messze is állt a pornográfiától, sebezhetővé vált egy esetleges büntető eljárás során. Ezért az ilyen jellegű művek gyakran titkos, kisszámú kiadványokként kisebb nyomdákban kerültek papírra magánelőfizetők számára (Bristow 23). Voltak azonban olyan művek, amelyek a nyilvánosság elé kerültek, ezzel megkockáztatva a nyilvános megbotránkozást. Ilyen például Oscar Wilde *Dorian Gray arcképe* című regénye, amelyet először a *Lippincott's Monthly Magazine* adott ki folytatásos regényként 1890-ben. Wilde műve szigorú szerkesztői szűrőn ment át, mire egyes részeit publikálhatónak ítélték. Végezetül a viktoriánus olvasó egy olyan munkát kapott a kezébe, amely nem volt büntetőeljárás során perdöntő bizonyíték Wilde ellen 1895-ben. Így azt látjuk, hogy az elbeszélés tudatosan rejtheti el a test amúgy cenzúrázandó természetét. Erre az egyidejű kettőségre mind a test, mind az elbeszélés képes. Bár a test mások számára tárgy, miközben az alany számára megélt valóság, Merleau-Pontyra hivatkozva Grosz azt állítja, hogy a test soha nem egyszerűen csak tárgy vagy csak alany, hanem egyidőben alany és tárgy. A testet a tárgyakkal való kapcsolata definiálja, és így definiálja ezeket magukat is tárgyként cserébe. A világban való létünkben a test egy eszköz, amely által minden információ és tudás feldolgozásra kerül és jelentést hoz létre. A testen keresztül jelenik meg számunkra a világ mint tárgy; testünk birtoklása és léte biztosítja, hogy tárgyak jelennek meg (Grosz 87). Röviden összefoglalva, nem csak testünket látják, hanem maga a testünk is lát. Spenderre hivatkozva hasonló kettőségre hívja fel figyelmünk Smith és Watson: a narratíva egyszerre két életet képes bemutatni. Az egyik egy külső, kulturális/történelmi élet, amelyet egy olyan valóságként értelmezhetünk, ahogyan a tárgyat mások látják. A másik egy belső, személyes élet, ahogyan – ha úgy tetszik – maga az alany látja (6). Fontos megjegyezni, hogy az elbeszélőt nem kötelezik a bizonyítás szabályai, amely az alany elbeszélését a történelmi valósághoz köti (12), azonban a tapasztalat az alanyt mégis egy társadalmi tartományba vagy identitásba helyezi, amelyet anyagi, kulturális, gazdasági és szellemi viszonylatok hoztak létre (31). Smith és Watson alapján arra következtethetünk, hogy az elbeszélt testet nem kizárólag egy konvencionális kultúrtörténeti realitásban értelmezhetjük, hanem – mindaddig, amíg a külső történeti tartományban is pozitívan értelmezhető marad – az alany testének is láthatóságot biztosíthat a beavatottak számára.

Jelen tanulmány a fentiek értelmében a zöld szín, a parfüm és a zene mint népszerű fogyasztási cikkek leírásának nyilvános és privát elbeszéléseit vizsgálja a fent említett szövegekben. Ezek az elemek a testnek pozíciót vagy láthatóságot biztosítanak. Utóbbi kettő esetében pedig külön kitérek a magyarokra való utalásra, hogy világossá váljon, az első angol nyelvű, nyíltan meleg, pozitív kicsengésű regény, Edward Prime-Stevenson *Imre* (1906) című munkája miért Magyarországon játszódik.

A magyar ezekben a szövegekben alakzatként jelenik meg, vagyis nem a valós XIX. századi Magyarországon keresendő annak eredete. Bár Magyarország egyre inkább előtérbe került a zene és a Honfoglalás ezredfordulója kapcsán, az alakzat több angol sztereotípiára alapul. Kezdetben a magyar az angolokétól távol álló, keleties, vad, rapszodikus és ösztönös viselkedésre való hajlam jelzőjeként jelenik meg. Később, egyre inkább a kor szexológiájára reagálva a férfiasság példaképeként küzd az angol meleg férfiak maszkulinitásáért, szexuális és társadalmi nemi identitásáért. Ezt a két, egyébként összeférhetetlen természetet egyesíti a kelet és a nyugat határán egy heterotópia, a fiktív Magyarország. Itt teljesedik ki az alakzat figuratív jellege, amelynek lényege a helyettesítés. Hiba lenne azt feltételezni, hogy a magyarokat a homoszexualitással azonosították. Azonban a velük párosított negatív (vad, keleties) és pozitív (maszkulin, hősies) képzetek keveredése hasonló hozzáállást mutatott az azonos nemű vonzalmak megítélésével, amely a patologizáló szexológiát és a magukat definiálni, érzelmeiket legitimálni próbáló meleg férfiakat ütközteti. A továbbiakban ennek a retorikai eszköznek egy általánosabb szintjére, arra a kettős olvasatára hívom fel a figyelmet, miszerint a magyar tematikus-referenciális értelmezése legitim olvasatot ad, míg alakzatként a kor szellemisége szerint cenzúrázandó tartalom helyett áll, elrejtve vagy megmutatva azt.

A viktoriánus kor fogyasztói kultúrájának vizsgálata nem csupán az angol társadalom anyagi helyzetét mutatja meg számunkra. A választott termékek nemcsak materiális, hanem morális értékekkel is párosultak. Ruskin, korának egyik legismertebb kritikusa, nagy jelentőséget tulajdonít az „ízlés" szónak. Értelmezésében a jó ízlés alapvetően morális minőség. Nem csupán egy része vagy mutatója az erkölcsnek, hanem az egyetlen erény. Amennyiben kimegyünk az utcára és egy nőt vagy férfit az ízléséről kérdezünk, teljesen őszinte és nyílt válasz esetében megismerjük őket, testüket és lelküket egyaránt (Ruskin 274).

A zöld szín rendkívül előkelő helyen állt ebben a paradigmában. A *Cassell's Household Guide* (1869) a „Principles of Colour, and Rules for Their Artistic Application in Dress, Furniture, etc." (A színek alapjai, és művészi alkalmazásuk szabályai ruhán, bútoron, stb.) című fejezetében sokféle elméletet állít fel különböző színek és keveredésük hatásairól. Ebben a zöld a nyugalom színe: „*Zöld.* – Ez a szín egy egészséges és rendkívül hálás benyomás élményét nyújtja a szemnek; amennyiben egyenlő arányban kék és sárga, a szem és a szellem úgy nyugszik meg tőle, mint egy egyszerű színtől" (207).[53]

Ironikus módon a nyugalom színe hatalmas divathullám és hisztéria tárgya lett. Whorton egy gyógyszerészt idéz 1879-ből, akit ámulatba ejtett a jelenség. Elmondása szerint, a „zöldszínőrület" annyira általánossá vált, hogy nem lehetett olyan kirakatot találni, amely ne az arzénzöld polcokban, falakban, árcédulákban, csomagolásokban, dobozokban vagy fogyasztási cikkekben díszelgett volna. Ez a divat a háztartásokat is átalakította, a zöld színnel nem csak a falaikat és ruháikat díszítették, de még saját testüket is ezzel a színnel festették (Whorton 176). Zöld festék borította a gyerekjátékokat: építőkockákat, játékbabákat, labdákat, hintalovakat és

---

[53] Saját fordítás. „*Green.*–The eye experiences a healthy and peculiarly grateful impression from this colour; if of equal proportions of blue and yellow, the eye and mind repose on it as on a simple colour."

egyebeket (178). A zöld szín a vonzó és sikeres értékesítés alapelemévé vált árcédulákon, termékkártyákon, ételek csomagolásán, reklámtáblákon és posztereken, koncertjegyeken, csomagolópapírokon és a polcok díszítésein (179). Az otthonokat pedig arzénzöld tapéták díszítették (204). Az orvostudomány egészen az 1880-as évekig nem tudta kimutatni az arzén kártékony hatását az élénkzöld termékekben, amelyek gyakorlatilag elkerülhetetlenek voltak (191). A halálesetek publicitása, orvosok szakvéleményének sorozata és a fogyasztó tömeg követelése csak a század legvégén utasította el az arzén tartalmú termékeket és kényszerítette a gyártókat arra, hogy arzéntől mentes, mégis zöld színű cikkeket árusítsanak. A brit parlament nem tett hivatalos lépéseket ennek érdekében (226).

A zöld szín szimbóluma gyakran felmerül a Wilde-filológiában is, bár más jelentéstartalommal. A leggyakrabban – McKenna által is – felidézett történet szerint Wilde és köre 1892-ben a *Lady Windermere legyezője* bemutatóján zöld szegfűt viselt, ezzel jelezve összetartozásukat egyfajta szexuális szubkultúraként. Bár saját magát a zöld szegfű ötletgazdájának jelölte meg, Wilde tagadta, hogy a mesterségesen előállított dísznek bármi jelentése lett volna (McKenna 227). Ő maga sem először használta a zöld virágot, hiszen az Angliában betiltott *Salomé* (1891) című egyfelvonásos darabjában kisebb fordulópontot hoz a Salomé által az ifjú syriainak ígért, kis zöld virág (Wilde, *CW* 723). Értelmezésemben Salomé ezzel a kis zöld virággal, mint a homoszexuális viszonyok szimbólumával zsarolja meg a syriait, hogy viszonya Heródiás apródjával titokban maradhasson. Tehát az ifjú syriai a fenyegetés hatására adja ki a lánynak Jochanánt.[54] Valószínűnek tartom, hogy Wilde a *Salomé* bemutatóján is magán viselte volna a virágot, ha azt nem tiltották volna be, így a következő darab premierjén volt alkalma megtenni ezt.

Wilde állításának nem hihetünk, miszerint nem volt különösebb jelentése a virágnak, hiszen később ő maga azonosítja a színt szexuális dekadenciával „Pen, Pencil and Poison: A Study in Green" című esszéjében (Denisoff 109). Ahogyan annak sem hihetünk, hogy ő lett volna ennek feltalálója; valószínűleg különböző divatok ötvözése volt a zöld szegfű. Már az 1860-as években a „zölddivat" részeként ilyen színű, mesterségesen előállított virágokat készítettek 8-20 éves lányok Londonban. Ezek szirmai leggyakrabban festett viaszba mártott muszlinokból készültek, amelyet végül újra zöld festékporral szórtak meg, vagy azt kézzel gyúrták bele az anyagba (Whorton 184). McKenna a londoni divatot figyelmen kívül hagyva az ötletet az 1890-es évek Párizsában zöld kravátlit vagy aszkot nyaksálat viselő meleg férfiakra vezeti vissza (226). Bár a *Lady Windermere legyezője* előtt két hónappal George Gillet, „To Kalon" című versében már írt zöld szegfűkről

---

[54] A személyek neveit Színi Gyula fordításában közlöm.

(Denisoff 110), kétségtelen, hogy Wilde mint körének divatdiktátora tette népszerűvé a szimbólumot. Alig egy hónappal a bemutató után hasonló érdekeltségű csoport jelent meg a virággal Théodore de Banville *Le Baiser* című darabjának bemutatóján, amelyet Wilde egykori szeretője, John Gray fordított (Senelick 174). 1894-ben pedig Robert Hichens a Wilde-ot ábrázoló szatirikus regényének a *The Green Carnation* (A zöld szegfű) címet adta.

Wilde zöldszínszimbolikája érdekes kettősséget mutat. A természetesnek ható és megnyugtató zöld színt mesterségesen alkalmazták a szegfűre, amely beleolvad a korabeli londoni divatba, így az nem botránkoztatja meg a nyilvánosságot. Saját és körének személyes asszociációi azonban egyértelműen homoszexuális érdekeltséget tükröznek.

Ez az ízlés és erkölcs, amelyet Wilde népszerűsített, megjelenik a *Dorian Gray arcképé*ben és a *Teleny*-ben is. A beszédes nevű Adrian Singleton egy egzotikus, keleti gyümölcsökkel borított zöld könyvet ad Dorian számára, amely nagy hatással van rá (Wilde, *CW* 113). Adrian nagy valószínűséggel Hadrianuson (*Hadrian*), Antonius szeretőjén keresztül utal a meleg szubkultúrára. Hadrianus és Antonius homoerotikus története többször említésre kerül a *Teleny*-ben (Wilde et al. 4, 11); Raffalovich pedig az *Imré*ről írt kritikájában emlékezik meg róluk, mint közismert homoszexuálisokról (187-188). Adriannel legközelebb egy zöld függönyön áthaladva, egy ópiumbarlangban találkozik Dorian (Wilde, *CW* 129). Hasonlóan zölddel találkozunk a *Teleny*-ben is. Camille és Teleny először a színház zöld szobájában (*green room*) találkoznak (Wilde et al. 6). Míg ez a zöld szoba eredendően nyugodt és privát tér, amely az előadó pihenésére szolgált az előadás alatt, ebben a jelenetben többen is összegyűlnek a szobában, és ünneplik a zenészt. Wilde így tudatosan nem egy pihenőszobát, hanem egy „tipikus" viktoriánus zöld tapétás szobát választ az első találkozó helyszínéül, annak korábban említett másodlagos jelentésével.

Míg a zöld szín mindkét műben jelen van, előfordulásai mégsem kommunikálnak nyíltan egymással a különböző művekben. Egy másik, szintén népszerű fogyasztási cikk, a parfüm azonban összefüggőbb képet adhat számunkra arról, Wilde miként kapcsolódik – mint eddig hiányzó láncszem – a *Sins of the Cities of the Plain*hez és a *Teleny*-hez. A XIX. század rendkívül fontos fordulópont a parfümök történetében. A század végére az illatszer már nem csupán kivételes alkalmakra használt luxus volt, széleskörben elterjedt és megfizethető árucikké vált. Corbinra hivatkozva Briot megállapítja, hogy ennek egyik alapvető oka nem más, mint a vízhálózat kialakulása és a fürdőszobák integrálása az otthonokba. Az ezzel egyidőben megjelent parfümözött termékek igazi higiéniai forradalmat eredményeztek a mindennapi gyakorlatban (Briot 273). Ez önmagában azonban nem indokolja, miért emelkedett meg a fogyasztás ilyen drasztikusan. Briot ennek nyitját az 1860-as évektől a gyártók új nyersanyagkitermelési módszereiben, majd 1880-tól az új szintetikus összetevőkben látja. Ezek a technikák már lehetővé és indokolttá tették, hogy a gyártás, és így a termékek olcsóbbá, majd a fogyasztók új rétege számára elérhetővé váljanak (274). A testszagok ebben a folyamatban az egészség fontos jelévé váltak. Következésképpen a választott parfüm információként szolgált egészségről, jó ízlésről és erkölcsről, míg az elbeszélésben a testnek egyfajta láthatóságot is biztosított.

A pornográf *The Sins of the Cities of the Plain* végén, Jack visszaemlékezései után rövid esszéket találhatunk a kor szexuális gyakorlatairól. „A Short Essay on Sodomy, etc." (Rövid esszé a szodómiáról és egyebekről) megemlíti az úgynevezett „Hungary water" illatszert (85). Az illatszert körülvevő ellentmondásos legendák lehetetlenné teszik, hogy eredetét a jelenlegi források segítségével feltárjuk. Az azonban továbbra is érdekes tény, hogy a század új parfümjei helyett egy XIII-XVI. századra visszanyúló receptre utal az esszé. A „Hungary water" a viktoriánus Anglia közkedvelt illatszere volt. A Dr. Hartshorne által összeállított *The Household Cyclopedia of General Information* (1881) több helyen is megemlékezik róla, mint hasznos házi orvosságról (265). Három formáját is ismerték: az eredetit, a franciát, és „a legjobbat" (469). Népszerűségét az a XIX. században is köztudott hatása indokolhatja, miszerint az illatszer valamilyen mágikus módon megőrzi használójának szépségét és fiatalságát (Sullivan 78). A *Dorian Gray arcképé*nek éppen ez a bonyodalma: Dorian egy olyan ifjú, aki azt kívánja, bárcsak a portréja öregedne, míg ő maga megtarthatná fiatalságát. Talán ennek érdekében Dorian „néha tanulmányozta az illatszereket, gyártásuk titkát, nehéz szagú olajokat párolt, s illatos keleti mézgákat égetett" (Wilde, *DG* 204).[55] Ez nem egyértelmű utalás a „Hungary waterre", azonban nem tulajdoníthatjuk csupán véletlen egybeesésnek a regény szinopszisát az illatszer közismert felhasználásával, és hogy Dorian keletről (akár a közép-kelet-európai Magyarországról) tanulmányoz ilyen hatású illatszereket.

Az illatszerek nem csak a *The Sins of the Cities of the Plain*hez kötik a *Dorian Gray*t, hanem a *Teleny*-hez is. Az 1880-as években az úgynevezett *heliotrope blanc* népszerű parfüm volt, amely köztudottan oldotta a szellemi és fizikai szorongást (Briot 281). Amikor az izgatott Camille először találkozik Teleny-vel, első beszélgetésük alkalmával egyetértenek abban, hogy a heliotróp[56] illata a kedvenc parfümük (Wilde et al. 12), amely később szerelmük fizikai beteljesülésekor is jelen van (75). Ennek említése és jelenléte ártatlannak tűnhet, azonban az illatok elfedése figyelemreméltó eleme a műveknek. Elsősorban a fenti kontextusban olvashatjuk úgy is, hogy a kellemetlen szagok elfedésével és a szexuális szubkultúra által meghatározott illatokkal történő asszociálásával fizikailag egészséges

---

[55] Kosztolányi Dezső fordítása.
[56] Tandori Dezső fordításában: „fehér napraforgó".

férfiakként tárja a fikció karaktereit olvasói elé. Másrészt, ahogy arra Cook is felhívja a figyelmet, a Wilde-dal egyidőben elítélt Alfred Taylor által rendezett homoszexuális orgiák sötétített és erősen parfümözött szobákban szerveződtek, amelyről gyakran megemlékeztek a tárgyalások során és a sajtóban is (56). Ennek megfelelő leírást a *Teleny*-ben is találunk, ahol férfiak többedmagukkal adják át magukat fizikai örömöknek a túlfűtött atmoszféra parfümében (Wilde et al. 98). Camille és Teleny kedvenc illata a *Dorian Gray*ben is jelen van. Henry Wotton egy alkalommal sokat sejtetően arról mesél Doriannek, hogy bármikor, amikor megérez egy bizonyos illatot, az visszarepíti őt fiatalkorába, és újraéli azt az időt. A jól ismert, kanonizált verzióban ez az illat a *lilac blanc* (Wilde, *CW* 150).[57] 2011-ben azonban elérhetővé vált a regény Stoddart szigorú cenzúrájától mentes verziója, amelyben Wotton szintén a heliotróp illatáról álmodozik (Wilde, *UDG* 212). A különböző parfümök így kötik a *The Sins of the Cities of the Plain*t a *Dorian Gray*hez, és az utóbbit a *Teleny*-hez is, a *Teleny* pedig többször említi explicit módon az első pornográf művet (Wilde et al. 5, 34, 66). A populáris divatból adódó jelentése azonban ismét egy, a kor ideológiája számára elfogadható értelmezést kölcsönöz az illatnak, míg a meleg szubkultúra adaléka ehhez a jelentéséhez rejtve maradhat.[58]

Ilyen kettőséget mutat a művekben a zene is, amellyel kapcsolatban a magyar mint alakzat is komoly jelentőséggel bír. Walter Pater *The Renaissance* (1873) című művében a zenét a művészeti ágak legmagasabbikának állítja be, mivel minden művészet a zene kondíciójára törekszik (106). A zene szinte bárhol elérhető volt, annak ellenére, hogy angol születésű zeneszerzők csak a század legvégén kezdtek el alkotni. Mindaddig a zene import árucikknek számított. Zhang a két szféra megkülönböztetésénél a

---

[57] Míg másik növényre és illatra találunk utalást, a lila orgona színében nem tér el sokban a heliotrópétól. *A Dictionary of Color* (1930) szerint az angol nyelvben először 1882-ben használták először a heliotrópot, mint egy szín nevét (Maerz és Paul 196), amely minta hasonlít az orgonáéhoz. Tandori fordítása arra enged következtetni, hogy – mint ahogyan az orgonavirágnak – a heliotrópnak is van fehér változata.

[58] Érdekes megjegyezni, hogy Derridánál a heliotróp kapcsán a Nap a metaforák metaforája. Haas „A fehér mitológia" egyik következtetésére hívja fel a figyelmet, miszerint a metafora nem más, mint egy heliotróp, ami kettős jelentéssel bír: Nap felé forgás, és a Nap forgó mozgása. A cél mindig az egyértelműség visszaszerzése, még a metafora kockázatával is. Az egyértelműség azonban a Napon múlik, amely rávilágít a dolgok közötti hasonlóságokra, hogy a metafora is világossá váljon. Ám a Nap nincs mindig jelen, elfordul vagy alá fordul a Földnek, így lehetőség van egy titkos elbeszélésre mint a Nap vakfoltjára. A metafora is mindig lehetőség beállításra, bujkálásra és a megfelelő jelentéstől való végtelen elsétálásra (Haas 45). Bollobás Dickinsont elemezve említi, hogy „[a] katakrézis mindig elvont fogalmak kibővítését jelenti, amelyek sohasem válnak egyértelműen és teljesen megismerhetővé számunkra. Dickinsonnál ezek a Derrida-féle heliotrópok, amelyek – mint Derrida írja –, bár létezésük nyilvánvaló, »túlságosan kevés ismerettel szolgálnak«" (47). Így a napraforgó itt maga sem egyértelmű alakzat, hanem heliotróp, amely lehetőséget nyújt mind egy megvilágított értelmezés megtalálására, mind az attól való eltávolodásra.

következőkre hívja fel a figyelmet. A privát szférában a fiatal fiúk és lányok a magas kultúra zenéjét és annak megfelelő műfajokat ismerhettek meg. Ehhez a zenéhez ennek megfelelően magas erkölcsi értékek is párosultak, így az oktatott zenei ízlés jó erkölcsre nevelte a fiatalokat otthonukban. A zongora jelenléte a lakásban például kifejezetten azt mutatta a látogatók számára, hogy a család elsajátította a domesztikált viktoriánus értékeket. Ezzel szemben a publikus szférában a koncerttermek megjelenésével mind a magas, mind az alacsony kultúra zenéjével mulathattak az angolok. Az úgynevezett *„music hall culture"* különböző árakon, de elérhető volt az emelkedő középosztály számára (akik társadalmi osztályukat, vagyonukat és kulturális dominanciájukat szintúgy bemutathatták), valamint a munkásosztály számára is (Zhang 51-53).

A zenei ízlés tehát kiváló diagnosztikai eszköznek bizonyulhat az itt vizsgált elbeszélésekben. Law szerint a zene non-verbális médium volt a korszakban, amely önmagukért beszélni nem tudó érzelmeket közvetíthetett (180). Ez tökéletesen egybecseng Wilde szeretőjének, Alfred Douglasnek a híres soraival: „szerelem, ami nem mer beszélni". Arata szerint a századvégi fiziológiai esztéticizmus a különböző művészeti stimulációk testre való hatását próbálta feltárni (136). A zenét leíró ekfrázis így a művekben mégis a szavakkal (legálisan) nem kifejezhető érzelmek erkölcsi indikátora, amely ismét a testet teszi láthatóvá.

A *The Sins of the Cities of the Plain*ben a zene fontos szexuális segédeszköz. Mr. Wirein az aktus közben leül a zongorához, és – bár nem magyar, de az angolok számára kelet felől érkező – zenét játszik, egy úgynevezett „Slap-Bum-Polkát" (59). A zongorakíséret, ahogyan azt a „műfaj" is jelzi, a résztvevők szadista-mazochista hajlamait hivatott kielégíteni. Dorian Gray és Teleny mindketten zongoristák, bár a zene nem ilyen pornográf módon jelenik meg náluk. Dorian ízlésének és ezzel együtt erkölcsének változását a regény pontosan követi. Míg a regény elején Schumann iránt mutat érdeklődést, később egészen más jellegű koncerteket szervezett, „amikor füle Schubert báját, Chopin bánatát, sőt Beethoven hatalmas harmóniáját is érzéketlenül fogadta" (Wilde, *DG* 205). A regény végén Wotton hiába kérleli többször, hogy játsszon neki Chopint, Dorian nem hajlandó visszatérni hozzá. Helyette „furcsa hangversenyeket rendezett, melyeken őrjöngő cigányok vad muzsikát csaltak elő kis citeráikból" (204). A regényben nem tudunk meg többet erről az „alantas" zenei műfajról, azonban valószínűsíthető, hogy a cigányzene itt kifejezetten a magyar zenére utal. Wilde ugyanebben az évben írt novellájában, *Lord Arthur Savile bűné*ben (1891) mellékszereplőként kifejezetten magyar zenészt szerepeltet. Ez a magyar zene népszerűségével és közismert érzékiségével magyarázható. A meleg szubkultúra érdeklődéssel tekintett Brahmsra, aki a *Magyar táncok*at (1869) komponálta (Gifford xxi), mi több, a Wilde körébe tartozó

Raffalovich elmélete szerint Ausztriában (tehát az Osztrák-Magyar Monarchiában) és Németországban a zenei ízlésről lehet felismerni a szexuális nonkonformizmust (Messing 131). De nemcsak a meleg szubkultúra számára volt érdekes a magyar zene hatása. Liszt egy csapásra hódította meg Angliát 1886 áprilisában, amikor három koncertet adott: a The Lyceumban egy magyar indulót játszott, ahonnan Liszt páholyának ajtaját bezárták, és Lisztet más úton kellett kimenekíteni az őrjöngő rajongók elől, a Grosvenor Galleryben egy magyar rapszódiát játszott, a St James's Hallban pedig élete legnagyobb ovációját kapta „Szent Erzsébet legendája" című oratóriumáért (Diamond 277-278). A zenén belül a magyar zene kifejezetten divatos fogyasztói cikké vált, amelynek kultiválása a meleg szubkultúra számára beszédes ízlésre vallott.

A *Teleny*-ben azonban a cigányzenét explicit módon azonosítják a magyar zenével. Camille így emlékszik vissza arra a pillanatra, amikor először látta meg Teleny-t:

> Leült, s játszani kezdett. A műsorfüzetbe néztem. Egy szenvedélyes magyar rapszódia... elragadó kis darab, a szerző ismeretlen, de a darab népszerű. A cigányok érzéki muzsikusok, tudod. Az a szívhez szóló lágyság...
> [...]
> A ritmusok hatása olyan elemi erejű. Hallunk egy dallamot, nem is tudjuk, mi teszi, nemcsak fülbemászó, de a szívünket is másképp dobogtatja, mint bármi eladdig. Például azok a pompás, kimondottan keleties cirádák...
> [...]
> Épp ez a gyötrelmes az egészben. Mert nem függetlenítheted őt országának zenéjétől. Sőt, éreznek kell végig a cigányzene lelkét! Áthatja az idegrendszert... sugallatával is... a játékosét pedig végképpen. Hatalmas feszültségek adódnak a kezdeti andantéból, az ütem gyorsul... s végül aláhanyatlik az egész, mint a vágy a szeretők búcsújánál. A harsány felszárnyalást halk sóhajok kísérik... az egészet valami misztikus szenvedély járja át... panaszos lesz, de aztán fémesen kemény, s mint valami himnusz, felcsap az egekig!
> Igen, ő maga pedig olyan volt, mintha megtestesítené ezt a zenét.
> Játszott. S én elbűvölten hallgattam. De azt meg nem mondhatom neked, mi tett rám ilyen elemi hatást: a zenemű, az előadás módja, netán maga az előadó. Szemem előtt a legkülönösebb látomások úsztak...
> ...Újabb színváltozás: Szodoma és Gomorra ködlött elő, szépségesen és hatalmasan, rontó bűnben; mert a zongorista játéka nyomán a hangok mintha fülembe csókolták volna a csábítást, eddig ismeretlen kéjről susogván. (7-9)[59]

A regény elejéről idézett rész jól mutatja a magyar zene mint fogyasztási cikk ízléshez kapcsolódó kettősségét. A darabot fel lehet tüntetni a

---

[59] Tandori Dezső fordítása.

műsorfüzetben. Ez megjelenik írásban, tehát a cenzúra nézőpontjából legitim, ha úgy tetszik, történelmi és kulturális olvasata a kor normájának megfelelő. „Elragadó", „népszerű" és „a szívhez szól". A magyar zene mindenki számára gyönyörködtető. Ettől azonban teljesen eltérő az a jelentés, amelyet az előadó szeretne mutatni, vagy amelyet a befogadó saját maga számára hoz létre. A zene „áthatja az idegrendszert", amelynek hatására Camille saját maga ad a rapszódiának értelmet, az csábítja és hatással van testére, hogy kialakuljon vonzalma egy másik férfi, Teleny iránt. A belső, személyes története a koncertről egy másik, a cenzúra számára elfogadhatatlan elbeszélést mutat, amelyet a *Dorian Gray arcképe* nem, csak a magánnyomtatásban megjelent *Teleny* engedhetett meg magának.

A magyar csárdás nemcsak Wilde törvénytelen művében, hanem egy évvel később Eric Stenbock „The True Story of a Vampire" (1894) című novellájában is megjelenik. Vardalek, a magyar vámpír magyar csárdással babonázza meg fiatal fiú szerelmét, Gabrielt, hogy magát megfiatalítsa, és örökéletű maradhasson. A korabeli jól ismert vámpírtörténetekre (például La Fanu *Carmilla* [1872] és Stoker *Dracula* [1897]), így Stebock rövid írására is igaz, hogy Báthory Erzsébet legendája forrásként szolgált számukra. Paget *Transylvania and Hungary* (1839), Baring-Gould *The Book of Werewolves* (Vérfarkasok könyve [1863]) és Krafft-Ebing *Psychopathia Sexualis* (1886) című gyakran olvasott munkája is megemlékezik a „vámpírkirálynőről", aki szüzek vérében fürdött, hogy megtartsa fiatalságát. Bár a legenda összecseng Dorian Gray vágyaival és Vardalek módszereivel, Stenbock vámpírtörténete mégsem csak a pornográfiától, hanem a gótikától is elhatárolja magát. Le Fenu *Carmilla* című műve után azzal kezdi történetét, hogy a vámpírtörténetek Stájerországban játszódnak, így az övé is, azonban ez a hely nem olyan romantikus valójában, mint ahogyan azt elődei írták. Míg a vámpírok éjjel lovaskocsikon érkeznek, az ő vámpírja a köznapi vasúttal jött.

Stenbock példájából kiindulva nehéz lenne azonban megállapítani, hogy a gótikus fikció került közelebb a valósághoz, vagy fordítva történt. Nemcsak a novella narrátora, Carmela (*sic!*), hanem maga az író is küszködik a gótika és valóság megkülönböztetésével. Stenbock gyakran aludt koporsóban vagy vacsorázott varanggyal a vállán (Frost 50), vagy éppen képmásáról, a „kis gróf" nevű bábu hollétéről érdeklődött (Adams, *Written in Blood*). Mindenesetre úgy tűnhet, mind a Stájerországban megjelenő modern metropolita Vardaleket, mind az azonos nemű vonzalmakat valóságosabbnak és elérhetőbbnek mutatja be. Többek között ennek hatására Stoker korai kéziratai ellenére Stájerországból Erdélybe telepítette át Draculát, megalkotva egy olyan vámpírt, aki nem élhet örökre, meghal a regény végén, ezzel állítva vissza a műben átmenetileg felfüggesztett viktoriánus szexuális normákat.

A SZUBJEKTUM SZÍNEVÁLTOZÁSAI

Fontos kiemelni annak jelentőségét, hogy a jól ismert *Dracula* előtt már Stenbock novellájában is szexuális nonkonformizmus jeleként jelenik meg a magyar. A vámpír karaktere önmagában is a normák határainak átlépésére utal, hiszen az az engedelmes test bőrén, így határán jut át. Vágyának tárgya, a vér Smith szerint már a reneszánsz óta erősen szexuális tartalommal bír, hiszen úgy gondolták, a vér egy olyan testnedv, amelyet Venus és Mars irányított (7). Holmes a novella jelentőségét abban látja, hogy már a *Dracula* előtt megalapozta a meleg vámpírtörténetek (nem éppen titkos) rejtjeleit. Olvasatában azonban, míg a vámpír természetesen trangresszív szexuális olvasatokat sejtet, a meleg kapcsolat jelét Gabriel anyai ági cigány származásában látja (177). „The True Story of a Vampire" ezért mérföldkő a magyar mint alakzat történetében. Nem csupán a gótikus irodalom ködösségével szakít, de egyúttal bebiztosítja az alakzat jelentését is a *queer* kultúrtörténetében.

Így nem meglepő, hogy Magyarországon játszódik az első nyíltan homoszexuális angol nyelvű regény, amely boldog végkifejlettel zárul. A magyar csárdás itt is megjelenik, bár már nem testre ható agresszorként, hanem intellektuális beszélgetés tárgyaként. A regény nem tartalmaz pornográf elemeket, és nem szükséges a gótikus irodalom ködösségére sem támaszkodnia. Felismerhető, valós helyeken játszódnak az események Budapesten. Prime-Stevenson elmondása szerint regénye „kis pszichológiai románc" (*The Intersexes* 557), így az azonos nemű vonzalmaknak már nem a test, hanem a korabeli szexológiai terminusok adnak láthatóságot. Lauritsen szerint Prime-Stevenson ezen döntése szerencsétlen, hiszen Ulrichsra, Hirschfeldre és Krafft-Ebingre való egyidejű utalása egy konceptuális kavalkádot hoz csak létre, így Oswald és Imre nem tudják hatékonyan definiálni önmaguk (38). Wilper ezzel ellentétben a szexológiai gondolkodás két távoli partját látja megjelenni. Szerinte a tudomány és annak terminológiája felszabadítja az írást a cenzúra, Imrét és Oswaldot a társadalom elnyomása alól, továbbá a szűk látókörű, azonos nemű vonzalmakat patologizáló elméletekkel állítja szembe őket (54).

A regény szereplői önmagukat a homoszexuális szó feltalálójához, Karl-Maria Kertbenyhez (született Benkert Károly) hasonlóan definiálják. Egy népszerű anekdota szerint Kertbeny egy barátja öngyilkosságának hatására írt két értekezést, amelyben először használta publikusan a szót. Kertbeny barátja félve az új anti-homoszexuális törvények hatásától és az őt ért fenyegetésektől nem látott más kiutat, mint az öngyilkosságot (Kuhn 11). Míg Franciaországban, Belgiumban, Spanyolországban és Hollandiában dekriminalizált terminussá vált a „szodómia" szó, Kertbeny úgy érezte, joggal léphet fel a porosz hatóságok ellen. Licata szerint Kertbeny túllépett személyes érdemein és érdekeltségén a témában, hiszen a lehető legneutrálisabb szót alkotta meg, ezzel jelezve, hogy a férfiak vonzalmát saját nemükhöz nem lehet leírni sem bűnös, sem nőies viselkedésként

(Ulrichs és Westphal elméleteit ellensúlyozandó, 162). Kritikusok általában úgy vélik, Kertbeny maga nem volt homoszexuális, mivel levelében azt írja, hogy egy férfi és nem egy úgynevezett Ulrichs féle „uráni" írta a levelet (Herzer 11), aláírásában saját magát pedig normális szexuális beállítottságúnak nevezi (12). Kertbeny szavaival azonban a homoszexuális egyenlő, egészséges alternatívája a heteroszexuálisnak, aki nem egy nőies „uráni". A kritikusok, akik Kertbeny fenti szavaira hivatkozva zárják ki esetleges homoszexuálitását, félreértelmezik Kertbeny értekezéseit.

Imre és Oswald fontosnak érzik, hogy öndefiníciójukban kifejezzék: semmi nőies nincs vonzalmukban. A regény ezért is vállalhatja nyíltan az azonos nemű vonzalmat. Felismerik, hogy korukban a romantikus barátságnak megvan a maga kultusza (*Imre* 46).[60] Barátságuk pedig olyan, amilyennek a világ éppen lát egy barátságot (80). Imre, a magyar katona a XIX. századi maszkulinitás példaképe.[61] A pár következtetése szerint érzelmeik tehát nem mások, mint „Barátság ami Szerelem, Szerelem ami Barátság" (103). A regény nem csupán a magyar mint alakzat kiteljesedését jelöli, hanem a homoszexualitás nyílt vállalását is. Ennek oka, hogy a magyar itt már nem a testre ható külső rapszodikus érzékiséget jelöli, hanem test és szellem legitim maszkulinitását. Az alakzat így képes feloldani az eddig látott kettősséget, hiszen az ahhoz párosított jelentések mind a személyes narratívában, mind a történeti/szociokulturális narratívában megegyeznek.

Az elsődleges kontextus szövegeinek elérhetővé válása új irányokat adhat a Wilde-filológiának és a *queer* kultúrtörténetének. A kritikában így lassan elengedhetetlenné válik a nem kanonizált művek bevonása is a tanulmányokba. Tágabb vagy új olvasatokat hozhat a divatcikkek kultúrtörténeti kutatása, összevetve a *queer* irodalommal és annak körülményeivel. Ilyen konzumcikk a természetesnek és megnyugtatónak ható szín, a testet egyidőben elfedő és felfedő parfümök, vagy az oktatott magas kultúrával szembenálló rapszodikus érzékiesség zenéje. Ezekkel párhuzamosan egyre gyakrabban és nagyobb jelentőséggel jelent meg a magyar mint alakzat is. Fejlődése a pornográf regénytől a gótikus irodalmon keresztül végül az azonos nemű vonzalmak definíciójának és legitimálásának fontos kellékévé érett. Nem elhanyagolható további kérdéseket vet fel ez az alakzat. Érdemes a továbbiakban részletesen megvizsgálni a pornográfia és gótikus irodalom műfaji kapcsolatait. A fikció terének keleti irányba való folyamatos költözése a tér szerepének vagy a szexuális szerepek tereinek

---

[60] Ld. Shakespeare-szonettek viktoriánus appropriációja, Wilde Shakespeare-re utalása tárgyalásai során, vagy Raffalovich *Uranisme et Unisexuelite* (1896) című munkája.
[61] Herzer szerint az 1848-49-es forradalmak kapcsán előtérbe kerülhettek a hősies magyar katonák, akik az angolok szimpátiáját élvezték (3-4). A magyar történelem férfias hőseiről megemlékezik "The Pandour and His Princess: A Hungarian Sketch" (1832) című novella, amely a magyar hősök „felbecsülhetetlen nagyszerűségű bajszait és méltóságteljes hosszúságú szakállait" (5-6) méltatja.

tanulmányozását hozhatja előtérbe. Tágabb kontextusban pedig az elsődleges közeg szexológiájának kultúrtörténetét érthetjük meg jobban ilyen irányú vizsgálódásokkal.

Hivatkozott irodalom

Adams, Paul. *Written in Blood: A Cultural History of the British Vampire*. Stroud: The History Press, 2014.
Arata, Stephen. „The Fin de Siècle". In: *The Cambridge History of Victorian Literature*. Szerk. Kate Flint. Cambridge: Cambridge UP, 2012. 124-148.
Bollobás, Enikő. *Egy képlet nyomában: Karakterelemzések az amerikai és a magyar irodalomból*. Budapest: Balassi Kiadó, 2012.
Briot, Eugénie. „From Industry to Luxury: French Perfume in the Nineteenth Century". *Business History Review* 85.2 (2011): 273-294.
Bristow, Joseph. „Homosexual Writing on Trial: from *Fanny Hill* to *Gay News*". In: *The Cambridge Companion to Gay and Lesbian Writing*. Szerk. Hugh Stevens. Cambridge: Cambridge UP, 2011. 17-33.
Cassell's Household Guide: Being a Complete Encyclopoedia of Domestic and Social Economy, and Forming a Guide to Every Department of Pratical Life. Vol. III. London: Cassell, Petter, and Galpin, 1869.
Cook, Matt. *London and the Culture of Homosexuality, 1885-1914*. Cambridge: Cambridge University Press, 2008.
Denisoff, Dennis. *Aestheticism and Sexual Parody 1840-1940*. Cambridge: Cambridge University Press, 2006.
Diamond, Michael. *Victorian Sensation: Or, the Spectacular, the Shocking and the Scandalous in Nineteenth-Century Britain*. London: Anthem Press, 2003.
Frost, Brian J. *The Monster with a Thousand Faces: Guises of the Vampire in Myth and Literature*. Bowling Green: Bowling Green State University Popular Press, 1989.
Gifford, James. „Introduction". In: *Glaces Backward: An Anthology of American Homosexual Writing*. Szerk. James Gifford. Toronto: Broadview Press, 2007. xv-xvii.
Grosz, Elizabeth. *Volatile Bodies: Toward a Corporeal Feminism*. Bloomington: Indiana University Press, 1994.
Hartshorne, Henry. *The Household Cyclopedia of General Information*. New York: Thomas Kelly, 1881.
Herzer, Manfred. „Kertbeny and the Nameless Love". *Journal of Homosexuality* 12.1 (1986): 1-26.
Holmes, Trevor. „Coming Out of the Coffin: Gay Males and Queer Goths in Contemporary Vampire Fiction". In: *Blood Read: The Vampire as Metaphor in Contemporary Culture*. Szerk. Joan Gordon és Veronica Hollinger. Philadelphia: University of Pennsylvania Press, 1997. 169-188.

Kaye, Richard A. „Gay Studies / Queer Theory and Oscar Wilde". In: *Palgrave Advances in Oscar Wilde Studies*. Szerk. Frederick S. Roden. New York: Palgrave Macmillan, 2004. 189-223.

Kuhn, Betsy. *Gay Power!: The Stonewall Riots and the Gay Rights Movement, 1969*. Breckenridge: Twenty-First Century Books, 2011.

Lauritsen, John. „Edward Irenaeus Prime-Stevenson (Xavier Mayne) (1968-1942)". In: *Before Stonewall: Activists for Gay and Lesbian Rights in Historical Context*. Szerk. Vern L. Bullough. New York: Harrington Park Press, 2002. 35-39.

Licata, S. J. „The Homosexual Rights Movement in the United States: A Traditionally Overlooked Area of American History". In: *The Gay Past: A Collection of Historical Essays*. Szerk. S. J. Licata és R. P. Peterson. New York: Routledge, 2014. 161-191.

Maerz, Aloys John, és M. Rea Paul. *A Dictionary of Colour*. New York: McGraw-Hill Book Company Inc., 1930.

McKenna, Neil. *The Secret Life of Oscar Wilde*. London: Arrow Books, 2003.

McRae, John. „The Genesis of an Immodest Proposal". *The Oscholars: Special Teleny Issue* (2008 ősz), http://www.oscholars.com/TO/Specials/Teleny/mcRae.2.htm, 2016. 01. 07.

Messing, Scott. *Schubert in the European Imagination, Volume 2*. Rochester: University Rochester Press, 2007.

Naas, Michael. *Taking on the Tradition: Jacques Derrida and the Legacies of Deconstruction*. Stanford: Stanford University Press, 2003.

„Pandour and His Princess, The". *Blackwood's Edinburgh Magazine* 32.196 (1832): 1-21.

Pater, Walter. *The Renaissance: Studies in Art and Poetry: the 1893 Text*. Szerk. Donald L. Hill. California: University of California Press, 1980.

Prime-Stevenson, Edward. *The Intersexes: A History of Similisexualism as a Problem in Social Life*. Naples: Privately Printed, 1908.

Prime-Stevenson, Edward. *Imre*. Peterborough: Broadview Press, 2003.

Raffalovich, Marc-André. „Appendix G: A Contemporary Review of *Imre*". In: *Imre*. Edward Prime-Stevenson. Szerk. James J. Gifford. Peterborough: Broadview Press, 2003. 186-188.

Ruskin, John. *The Genius of John Ruskin: Selections from His Writings*. Szerk. John D. Rosenberg. Charlottesville / London: University of Virginia Press, 1998.

Senelick, Laurence. „Master Wood's Profession: Wilde and the Subculture of Homosexual Blackmail in the Victorian Theatre". In: *Wilde Writings: Contextual Conditions*. Szerk. Joseph Bristow. Toronto: University of Toronto Press, 2003. 163-184.

Sins of the Cities of the Plain, The. Szerk. Wolfram Setz. Kansas City: Valancourt Books.

Smith, Bruce R. *Homosexual Desire in Shakespeare's England*. Chicago: The University of Chicago Press, 1994.
Smith, Sidonie, és Julia Watson. „Life Narrative: Definitions and Distinctions". *Reading Autobiography: A Guide for Interpreting Life Narratives*. Második kiadás. Minneapolis: University of Minnesota Press, 2010. 1-20.
Stenbock, Eric. „The True Story of a Vampire". *Project Gutenberg Australia* (2006 augusztus), http://gutenberg.net.au/ebooks06/0606601h.html, 2016. 05. 02.
Sullivan, Catherine. „Searching for Nineteenth-Century Florida Water Bottles". *Historical Archaeology* 28.1 (1994): 78-98.
Whorton, James C. *The Arsenic Century: How Victorian Britain was Poisoned at Home, Work, & Play*. Oxford: Oxford University Press, 2010.
Wilde, Oscar. *The Collected Works of Oscar Wilde*. Ware: Wordsworth Edition, 1997.
Wilde, Oscar. *Teleny*. Ford. Tandori Dezső. Budapest: Lárky Könyvkiadó, 2003.
Wilde, Oscar. *Dorian Gray arcképe*. Ford. Kosztolányi Dezső. Budapest: Ulpius-ház, 2007.
Wilde, Oscar. *The Uncensored Picture of Dorian Gray*. Szerk. Nicholas Frankel. Cambridge: Harvard University Press, 2012.
Wilde, Oscar, et al. *Teleny or The Reverse of the Medal*. New York: Mondial, 2006.
Wilper, James. „Sexology, homosexual history, and Walt Whitman: the »Uranian« identity in *Imre: A Memorandum*". *Critical Survey* 22.3 (2010): 52-68.
Zhang, Lei. „The Politics of Representation and Subversion in Victorian Soundscape: An Ideological Study of Music". *Journal of Cambridge Studies* 5.4 (2010): 48-60.

Bollobás Enikő

„LÁBA MINT KÉT CERUZA HAGYTA ÍRÁSNYOMÁT AZ ERDŐ HAVÁN" – NYELVTANI, KAPCSOLATI ÉS TESTI ALANYISÁG H.D. *HERmione* CÍMŰ REGÉNYÉBEN

H.D. [Hilda Doolittle] 1927-ben írta *HERmione* című regényét, mely azonban csak 1981-ben jelent meg nyomtatásban. Az erősen önéletrajzi ihletésű mű középpontjában egy fiatal pennsylvaniai lány, Hermione Gart és az ő alannyá válása áll. Szubjektivációjára két szerelmi kapcsolatának kudarca után kerül sor, miután egyértelművé lesz számára, hogy sem a George Lownde bohém költővel folytatott románca, sem a Fayne Rabb-bal érzett erotikus „testvéri szeretet" nem ad lehetőséget alanyisága kibontakoztatására. Végül azután Hermione sajátos szubjektivizációs eszközökhöz nyúl: alannyá lesz a mondatban (amikor is grammatikai tárgyból grammatikai alannyá lépteti elő önmagát) és a narratívában (amikor is testi alanyisága révén a szűz havon hagyja írásnyomát, melyet saját lábával hozott létre), miközben két kapcsolati tapasztalatát alakítja tudássá.

Tanulmányomban három szubjektumelméleti tételt kívánok végigkövetni az amerikai radikális modernizmus e korai mesterművében.

1. A szubjektum alapvetően nyelvi funkció, a mondatban elfoglalt szintaktikai pozíció függvénye; egyúttal az elbeszélő és az elbeszélt én szétválása okán önhasadt.

H.D. bravúros szójátékkal teszi egyértelművé, hogy Hermione alanyisága nyelvi eredetű, miközben nyelvi hasadása miatt nem egységes: „Her" lesz a lány (bece)neve, ami pontosan mutatja a tárgyi és az alanyi pozíció elkerülhetetlen ambivalenciáját, valamint az elbeszélő és az elbeszélt én közötti diszkrepanciát.

H.D. e leleménye mindenekelőtt Émile Benveniste emlékezetes tételét idézi fel, miszerint „»Ego« az, aki »egó«-t mond [...] ebben találjuk meg a »szubjektivitás« alapját, amit a »személy« nyelvi kategóriája definiál" (60). Vagyis az alanyiság mindenekelőtt a beszélő nyelvi képessége, amikor is mondatainak alanya lehet: „A nyelv az – írja a francia nyelvész –, ami a maga valóságában, vagyis a lét valóságában megalapozza az »ego« fogalmát" (60). A szubjektivitást tehát minden esetben a nyelv teszi lehetővé.

Úgy tűnik, Hermione alanyisága nem teremthető meg egyszerűen a mondatbeli elhelyezkedéssel. Hiszen angol fül számára a „Her"/„her" mindenekelőtt az egyes szám harmadik személyű, nőnemű személyes névmás tárgyas/részeshatározós alakja. Vagyis jelöletlen formában tárgy, pusztán üres jelölő, amely az elbeszélő énre utal, egy diszkurzív relációra, illetve Benveniste kifejezésével, a „diszkurzus realitására" (61). Ebben az értelemben tehát az „I am Her" mondat, amelyet már az első sorban olvasunk, továbbá ennek különös „fokozása" néhány sorral lejjebb („I am Her, Her, Her" [3]) a beszélő többes énjét hangsúlyozza: Ő vagyok, Ő Ő Ő vagyok – ami azt is jelenti, hogy „nem vagyok én/magam".

Ugyanakkor azonban az accusativus/dativus alanyi pozícióba helyezése – és ezzel „Her" alanyiságának megteremtése – nem „szabálytalan", nem ellentétes a nyelv kombinációs szabályaival. Hiszen Hermione már rögtön az első oldalon tisztázza: a „Her" személynév is, neve rövid változata, becéző formája. Vagyis a Her itt az elbeszélt énre vonatkozik, amelyet a diszkurzusban konstituálódott én – a beszélő vagy elbeszélő én – hoz létre. Ez a két én látványosan különválik a szövegben, amennyiben folyamatos bizonytalanság áll fenn a „Her" névmási és személynévi használata között. A személyiség hasadt, kettős, többes.

Azt is mondhatjuk, hogy a „Her" tulajdonnévként való szerepeltetése a lacani értelemben is jelzi az alany belső hasadását, amennyiben a „Her" személyes névmás elbeszélt énként olyan üres jelölő, amelyik a mondatban egybe is esik a „Her" tulajdonnévvel, de ellen is áll neki (az alany belső hasadásáról lásd Lacan „Analysis and Truth" és „The Subversion of the Subject" című előadásait). Hermione ezért érzi magát idegennek saját mondataiban, s ezért éli meg nevének ambivalenciáját nyelvtani hibaként. Hermione az elbeszélő én és az elbeszélt én belső hasadása okán nem tud úgy mondatainak alanya lenni, hogy közben ne legyen azok tárgya is. Idegenként tekint önmagára, hiszen, mint Tengelyi László írja a lacani szimbolikus alany meghasadásával kapcsolatban, „a kijelentésélmény alanya (sujet de l'énonciation) sohasem ismer egészen magára a kijelentés alanyában (sujet de l'énoncé)" (10).

Hermione esete bizonyítani látszik tehát azt, hogy a személyes névmás mindaddig üres jelölő, amíg konkrét beszédhelyzetbeli kapcsolati viszonyra nem vonatkozik. Vagyis a „Her" a kijelentés alanyaként üres jelölő, amelynek a beszédszituáció ad konkrét tartalmat, személynévvé alakítva azt. Ekként valóban az elbeszélő én – a kijelentés (énoncé) alanya – konstituálja az elbeszélt ént – a kijelentésélmény (énonciation) alanyát –, miközben el is távolítja azt tőle.

Ez pedig átvezet bennünket a második elméleti tézishez, amely így hangzik:

2. A szubjektum személyközi viszonylatokban konstituálódik; az én – beleértve a grammatikai ént is – alapvetően kapcsolati.

Az interszubjektivitás, vagyis személyköziség (vagy alanyköziség) fogalma a szubjektivitáselméletek sajátos, Husserlre visszavezethető terméke. Husserl a Karteziánus elmélkedések című művében fejtette ki elképzelését, miszerint más szubjektivitások elismerése – vagyis mások létezésének és egyedi céljainak elismerése – képezi minden etikai viszonyulás alapját. A világot akkor tapasztaljuk meg interszubjektív közegként, ha felfogjuk azt is, hogy azt mások másként tapasztalják meg, ill. ha képesek vagyunk meghaladni saját perspektívánk partikularitását. Ellenkező esetben a másikat nem alanyként, hanem pusztán tárgyként érzékeljük, kizárólag érzékelésünk tárgyaként.

Maurice Merleau-Ponty *Az észlelés fenomenológiája* című művében az alanyból kiinduló, egyirányú viszonyulásokként írja le a személyközi kapcsolatokat, s az észlelést teszi meg a személyköziség sarokkövének. A percepció jelenti a nyitást a másikra, a másik más voltára, s e perceptuális nyitottság a világhoz kapcsol bennünket. Minden észlelés szükségszerűen távlati (perspektivikus), ezért két ember sohasem fogja ugyanazt látni. Ennek ellenére nem szakad a személyköziség szövete, hiszen a nyelven keresztül be tudnak lépni egymás észlelési mezőibe és vitatkozhatnak egyéni észleléseik különbözőségéről. Perspektívánk pedig a különböző távlatokból adódik vagy olvad össze, a nyelvben, amely a társadalmi interakciók közege.

„Én vagyok Én, mert kiskutyám megismer" – írja H.D. pályatársa, Gertrude Stein „Identity a Poem" című írásában.[62] Úgy tűnik azonban, hogy H.D. regényében George nem „ismeri meg" Hermionét, hanem pusztán tárgyként, érzékelése tárgyaként tekint rá, és mintegy szivacsként fel akarja szívni (118). Minthogy a férfi képtelen túllépni saját partikuláris perspektíváján, sohasem ébred rá, hogy a lány másként látja a világot.

Hermione úgy érzi, világok és emberek között hintázik, ide-oda ringatózva ellentétes dimenziók között.[63] „Észlelés, észlelni, észlelni a múltban, észlelve lenni"[64] – ízlelgeti a szó különböző változatait Her, miközben rádöbben, hogy mennyire eltér a körülötte élő emberek észlelési tartománya. A regénybeli észlelések alkotják a három szereplő interszubjektív kapcsolatrendszerét. Ám a közös észlelési mező és a közös mezőben elhelyezkedő tárgyak azonossága mellett az ott mozgó személyek rendre ellentétesen látják a többi tárgyat vagy személyt – Hermionét, George-ot, Fayne-t, Hermione szüleit és barátait éppúgy, mint a sompelyhekkel belepett erdei ösvényt vagy Pennsylvaniát. Bár közös nyelv

---

[62] „I am I because my little dog knows me" (588).
[63] „I am swing-swing between worlds, people, things exist in opposite dimension" (25).
[64] „Perception, perceiving, having perceived, being perceived" (49).

kapcsolja őket össze, amelynek mondataiban Hermionét tárgyi és alanyi pozícióba egyaránt elhelyezik, nem ugyanazt látják, és nincsenek tudatában annak, hogy a másik más észlelési mezőben él. Hiába vágyik Hermione arra, hogy George „korreláljon" a számára,[65] világaik, valóságaik nem találkoznak.

Mindezen túl, mintha H.D. a feminista személyköziség-modellek, elsősorban a Nancy J. Chodorow és Jessica Benjamin nevéhez köthető elképzelések tanulságait is megelőlegezné. Hermione mindenekelőtt a nyelvtani személyköziségben tapasztalja meg identitását: személyisége belső hasadása révén már saját énjei is interszubjektív kapcsolatban vannak egymással, amennyiben látványos dialógust folytat az „I" és a „Her"/„her".

> Isten egy szóban rejlik. Isten egy szóban. Isten HERben. Azt mondta, „HER, HER, HER. Ő vagyok. Hermione vagyok. ... Az AUM szó vagyok. [...] A HER ... szó vagyok.[66]

Vagyis az önmagával folytatott dialóguson keresztül léphet az Istenhez vezető útra, a testet, lelket és szellemet egységbe fogó, teremtő mag-szóhoz, a meditáció alap-mantrájához.

Ráadásul Hermione azt is pontosan tudja, hogy a szelf felépítése kapcsolati, hiszen éppen azt érzi, hogy éntudatát egyik kapcsolatában sem – egyik „másikkal" való kapcsolatában sem – tudja megélni. Mégis ez a két kapcsolat lesz alannyá válásának katalizátora, hiszen George-dzsal és Faynenel szemben éli meg éntudata sérüléseit, majd éppen velük szemben lesz képes önállósítani női vágyát, illetve korábbi belső személyiség-hasadását eltüntetni.

Mintha Judith Butler performatív személyköziség-modellje is megelevenedne itt, akinek vizsgálódásunk szempontjából legfontosabb tézise a performatív ágencia és az interszubjektivitás kapcsolatára vonatkozik. Az interszubjektivitás butleri tételeit H.D. regényére alkalmazva elmondhatjuk, hogy Her egyik kapcsolatában sem nyerte el alanyiságát: George nem érti, Her miért nem kívánja a női társadalmi szkripteket követni: „Soha sem vagy képes rendesen kinézni, mint mások. [...] egyszer olyan vagy, akár egy görög istennő, máskor meg mintha csak egy szeneskannát látnék," mondja a férfi.[67] George nem is bizonyul a lány megfelelő társának. Tőle „sohasem borulna virágba egy körtefa",[68] hiszen a férfi csupán egy én nélküli Hermione-ra, egyfajta általánosságban értett nőre

---

[65] „she wanted George to correlate for her" (63).
[66] „God is in a word. God is in a word. God is HER. She said, HER, HER, HER. I am Her, I am Hermione ... I am the word AUM. [...] I am the word ... HER" (32).
[67] „You never manage to look decently like other people [...] [y]ou look like a Greek goddess or a coal scuttle" (64).
[68] „[W]ould never make a pear tree burst into blossom" (171).

vágyik, ráadásul olyanra, aki mindig Her, azaz mindig tárgyi pozícióban definiálódik. „Akarta Őt, de, ahogy ő fogalmazta, egy dekoratív Hert szeretett volna".[69] Az úgynevezett „romantikus rabság" (romantic thralldom) (Rachel Blau DuPlessis) előírásait követő kapcsolatra vágyva a férfi képtelen Hermione egyéniségét a maga többszörösségében és parttalanságában észlelni, illetve megérteni azt, hogy a lány jelleme nem lesz kevésbé karakterisztikus vagy markáns attól, hogy személyisége és szexualitása többes és bizonytalan. Hermione korlátozóként és kisajátítóként – Hermione szavával „koncentrikusként"[70] – éli meg a Fayne Rabb-bel folytatott viszonyát is. Fayne-ben ugyanis Ovidius Pygmalionját véli felismerni, aki Hermionét tekinti alkotása tárgyának (138-9). Fayne adja a szájába a kívánt mondatokat, s ha nem tetszik neki, amit Hermione mondani akar, akkor két kezével tépi ki torkából a szavakat (145). Ez a Pygmalion-Fayne saját képmására kívánja megfaragni Hermionét, „önmaga projekciójaként" igyekszik őt megalkotni (146).

E két kudarcos szerelmi élmény után Hermione a természetben és a nyelvben keresi – majd találja meg – kapcsolati alanyiságát. A természetben „fa-asszonyként" éli meg magát, olykor valóságos fának érzi magát, s egyúttal bizonyos abban, hogy a TREE szóban él.[71] Hermione parttalan egyénisége szűkebb pátriájának, Pennsylvaniának fáival és egész tájával azonosul. Azonosulása mögött azonban az a képessége rejlik, hogy nyomvonalként, térképként vagy kézírásként lássa magát: olvashatónak, akárcsak a tájat.

> Az erdő kettényílt, s füves tisztásra engedett kilátást, amely felfutott egészen a kora nyári virágoktól fehérlő faágakig. Somfa virága. Pennsylvania. A név benne van az emberben, az ember a névben. Sylvania. Itt születtem. Mielőtt valaki Sylvaniának nevez el egy helyet, el kellene gondolkodnia. Pennsylvania. Sylvania része vagyok. Fák. Fák. Fák. Somfa, zöldessárga virágú tulipánfa. A fa benne van az emberben. Az ember a fában. Pennsylvania.[72]

---

[69] „He wanted Her, but he wanted a Her that he called decorative" (172).
[70] „Her and Fayne Rabb were flung into a concentric intimacy" (164):
[71] „I am in the word TREE. I am TREE exactly" (73).
[72] „The woods parted to show a space of lawn, running level with branches that, in early summer, were white with flower. Dogwood blossom. Pennsylvania. Names are in people, people are in names. Sylvania. I was born here. People ought to think before they call a place Sylvania. Pennsylvania. I am part of Sylvania. Trees. Trees. Trees. Dogwood, liliodendron with its green-yellow tulip blossoms. Trees are in people. People are in trees. Pennsylvania" (5). (Ez a néhány sor Szekeres Andrea fordítása. [Bollobás Enikő, „Hogy szeresd női tenmagad – Amerikai modernista nőírók és a nőgyűlölet". In: *Az ész, a test és a lélek anatómiája*. Szerk. Tímár Katalin. Budapest: Ludwig Múzeum, 2004. 83-93.])

Úgy érzi, nem a „világban" él,[73] hanem az erdő és a nyelv egymásba fonódó közegében. Ez a két közeg pedig a Sylvania szóban találkozik, amely a Pennsylvania szó része. Ekként ő maga is nyelvben létezőként beszéli el magát, aki képes arra, ahogy virágba boruljanak tőle az erdő fái, és aki olyan személyközi ágenciát performál, amelyben – a narráción túl – testét használja.

Ezzel pedig elérkeztünk harmadik szubjektumelméleti tételünkhöz:

3. Az alanyiság és az alanyköziség egyaránt testi gyökerű.

A testnek az elmúlt évtizedekben bekövetkezett gyökeres rekonceptualizálása három különböző területről érkezett: a fenomenológia, az idegtudományok és az addig megszületett testtudományok irányából. Ezek együttesen idézték elő azt a „testi fordulatot", amelyet a név megalkotója, Maxine Sheets-Johnstone 1990-es *The Roots of Thinking* című könyvében a nyelvi fordulattal egyenrangúként ír le, s ekként a 20. század második nagy fogalmi váltásaként értelmez (Sheets-Johnstone ezért adta – Rorty korábbi esszégyűjteményének mintájára – a *The Corporeal Turn* címet interdiszciplináris tanulmánygyűjteményének, mintegy szimbolikusan egymás mellé helyezve a két fordulatot, a Rorty-antológia mellé pedig saját vaskos kötetét).

A testi fordulat mindenekelőtt a fenomenológia alapvetéseihez köthető, elsősorban Merleau-Ponty radikális tételeihez, melyek a megélt testre és a megtestesült élet tapasztalatára vonatkoznak. Eszerint a tudat testbe ágyazott; a lélek/szellem mindig megtestesült, mindig észlelési relációkban gyökerezik. „Mindent, amit a világról tudok, még azt is, amit a tudomány révén tudok róla, egy saját látás vagy világtapasztalat révén tudom" – írja (8). Vagyis testem révén kapok a világban létezéshez horizontot és perspektívát, viszonyítási pontot; a testem teszi lehetővé a relációkat önmagam, ill. egyéb tárgyak és szubjektumok között.

A testről való gondolkodást átformáló második vonulatot képező idegtudományok számos képviselője meggyőzően bizonyítja, hogy testtudat nélkül nincs éntudat. Hiszen a test a maga fiziológiai és a neurológiai funkcióival alakítja ki és tartja fenn az éntudatot. A testről való tudományos gondolkodásban bekövetkezett fordulat legjelentősebb képviselői közt kell említeni G. Deny és P. Camus francia neurológusokat, akik a testtudatát elveszítve éntudatát is elveszítő „Madame Én" esetét írták le (id. Rosenfield, *The Strange, Familiar, and Forgotten* 39). Israel Rosenfield radikális tézise szerint a test az agy abszolút referenciapontja (45): „Ha a testi szerkezet sérült, akkor sérül az éntudat, az emlékezés és a tudat is" (139). E gondolatokat a regény értelmezésében hasznosítva a következőket

---

[73] „She was not of the world, she was not in the world, unhappily she was not out of the world" (8).

mondhatjuk. Hermione akkor döbben rá, hogy George-dzsal való kapcsolata nem fog működni, amikor egyik barátnője az ismert Andersen-mese kis hableányához hasonlítja. Ám Hermione számára ez nem azt jelenti, hogy ő is olyan erős szívű és igéző, mint a szerelemért a halandóvá válást is elfogadó, néma szirén. Hiszen a barátnő szavait így fordítja le a maga számára: „Úgy gondolod, nincs lábam, amin állhatnék?"[74] Mintha ismerné a testi személyköziség tanítását: lábatlanul nem kaphat horizontot és perspektívát a földön létezéshez, és testtudata sérülésével éntudata is sérülni fog. George mellett némának és bénának érzi magát: a férfi által sérültté tett lénynek.

Hasonlóképp teste jelzi Hermione számára, hogy Fayne nem a megfelelő társa. Miután Fayne maga mondja neki, hogy legszívesebben kiszúrná a szemét, úgy érzi, már el is veszítette szeme világát: „valaki megvakította".[75] Ám Fayne mellett nemcsak tisztánlátása sérül, de levegőhöz sem jut: az önmagát Pygmalionnak képzelő nő maga kívánja lélegeztetni Hermionét, feltételezve, hogy az ő lélegzetvételei fognak életet lehelni testébe (163). Hermione azért szánja el magát, hogy szakít Fayne-nel, mert mellette vakon fuldokolt, s szeme élettelen massza volt. Elhatározása után újra lát, s szemébe visszatér az élet – akárha fekete fecskék cikáznának benne (181). Testi funkciói helyreállításával pedig éntudatát is visszanyeri.

Gyógyulása a természeti jelenségek megfigyelésével kezdődik. Az ablakon kitekintve irigykedve követi a madarak röptét, amelyben jelentéssel teli jeleket lát: a madárszárnyak a kék égen hagyták sokat mondó írásjeleiket (125). Jelentésüket később érti meg: „A szerelem: írás. [..] akár egy elfeledett dal choriambusai."[76]

Korábbi kapcsolataiból kilépve lesz képes testi épségét helyreállítani: lábai mozognak, szemeivel lát, és szabadon kap levegőt is. Néma, vak és lábatlan tárgy helyett immár beszélő, látó, járni és lábával írni képes alannyá vált. Ekkor érzi, hogy eljött az ideje, hogy immár ő is hozzáfogjon saját szövegének megírásához: „Lába, mint két ceruza, ösvényt rajzolt az erdőn át".[77] „Most Her lába lett az alkotó, keskeny fekete krétavonás a tél fehérén át".[78] S mint az önírás, önteremtés szerzői ágense egyszerre lesz szövegének szubjektuma és objektuma, nyelvben és hóban egyaránt. Alkotó ágenssé lesz, aki testét használja művészete eszközéül, miközben megörökli saját névadója, a szárnyas lábú Hermész tulajdonságait.

---

[74] „You mean I have no feet to stand on?" (113).
[75] „Someone had put out her eyes" (154).
[76] „Love is writing. [...] it's like the choriambics of a forgotten Melic" (149).
[77] „Her feet were pencils tracing a path through a forest" (223).
[78] „Now the creator was Her's feet, narrow black crayon across the winter whiteness" (223).

Lábak lüktettek tova, vitték őt haza, szárnyas volt bokája, rajta a szárnyas Isten szandálja. Minden rendben lesz. [...] Ez lesz az én házasságom. A gondolat erőt adott Hernek. Gyakorlatiasan és önmagával egységben, egységben a világgal, és minden külső körülménnyel [...][79]

Amitől egységben lett a világgal és önmagával: teste visszatért épségeteljessége rádöbbentette, hogy ő elsősorban alkotó, lábaival író művész, akinek nincs szüksége házasságra. Inkább saját művészetével lép frigyre: teste tudatos mozgósításával írni kezd, s az írás folyamán elbeszélő énje performatív módon képzi meg elbeszélt énjét. Ebben az erőt adó tevékenységben pedig egyszerre lesz nyelvtani, kapcsolati és testi szubjektummá.

Hivatkozott irodalom

Benveniste, Émile. „Szubjektivitás a nyelvben." Ford. Z. Varga Zoltán. In: *A posztmodern irodalomtudomány kialakulása – A posztstrukturalizmustól a posztkolonialitásig*. Szerk. Bókay Antal–Vilcsek Béla–Szamosi Gertrud–Sári László. Budapest: Osiris, 2002, 59-69.

Blau DuPlessis, Rachel. „Romantic Thralldom and »Subtle Geneologies« in H.D". In: *Writing Beyond the Ending – Narrative Strategies of Twentieth-Century Women Writers*. Bloomington: Indiana UP, 1985. 66-83.

H.D. [Hilda Doolittle]. *HERmione*. New York: New Directions, 1981.

Husserl, Edmund. *Karteziánus elmélkedések*. Ford. Mezei Balázs. Budapest: Atlantisz, 2000.

Lacan, Jacques. „Analysis and Truth or the Closure of the Unconscious". Ford. Alan Sheridan. In: *The Seminar of Jacques Lacan – Book XI. The Four Fundamental Concepts of Psychoanalysis*. New York: Norton, 1981. 136-148.

Lacan, Jacques. „The Subversion of the Subject and the Dialectic of Desire in the Freudian Unconscious". Ford. Bruce Fink. In: *Jacques Lacan – Écrits. The First Complete Edition in English*. New York: Norton, 2006. 671-702.

Merleau-Ponty, Maurice. *Az észlelés fenomenológiája*. Ford. Sajó Sándor. Budapest: L'Harmattan, 2012.

Rorty, Richard (szerk.). *The Linguistic Turn – Essays in Philosophical Method*. Chicago: The U of Chicago P, 1967/1992.

Sheets-Johnstone, Maxine. *The Roots of Thinking*. Philadelphia: Temple UP, 1990.

---

[79] „Feet pulsed forward, her feet were winged with the winged god's sandal. Everything will be right. [...] this will be my marriage. The thought sustained Her. Practical and at one with herself, with the world, with all outer circumstance [...]" (234).

Stein, Gertrude. „Identity a Poem". In: *Stein Reader.* Szerk. Ulla E. Dydo. Evanston: Northwestern UP, 1995. 588-594.
Tengelyi László. „A vágy filozófiai felfedezése". *Thalassa* 9 (1998/2-3). 3-21.

ZIPERNOVSZKY KORNÉL

AZ ELBESZÉLŐ ÉN ALAKZATAI ANITA O'DAY ÖNÉLETRAJZÁBAN

A neves Egyesült Államok-beli jazz előadók önéletrajzi kötetei közül kiemelkedik Anita O'Day-é, különösen a narrátor őszinteségének és a szöveg szervezettségének köszönhetően. O'Day (1919-2006) jazztörténeti jelentőségű, fehérbőrű amerikai jazzénekes volt, aki a harmincas években, a swingkorszakban érte el első sikereit, és fehér énekes létére az afro-amerikai közönség is elfogadta. Huszonkét éves korára a leghíresebb zenészek kísérték, elsőnek Gene Krupa, a Benny Goodman nagyzenekar és kvartett dobosaként legendássá vált zenekarvezető. O'Daynek jelentős szerepe volt abban, hogy a swing nagyzenekarok fokozatosan szólista szerepet juttattak az énekesnőknek.[80] O'Day később Stan Kenton és Woody Herman big bandjeinek is sztárja volt. A pályaív kezdeti lendülete azonban megtört, mert O'Day alkohol- és kábítószer-problémákkal került szembe, ami karrierjének jelentős részére rányomta a bélyegét. A negyvenes évek végétől kezdve egyre többet szerepelt trió-, illetve kiszenekari kísérettel, ez vált igazi profiljává. A háború utáni 2-3 évtized legfontosabb producere, Norman Granz lemezcégeinél több maradandó felvételt adott ki. A híres Newport Jazzfesztiválon 1958-ban adott koncertje – amely egyben a fesztiválról készült nagysikerű dokumentumfilm legemlékezetesebb része – újra megnövelte ázsióját. Később megkapta a legmagasabb amerikai állami kitüntetést, a National Endowment of the Arts Jazz master címét, 86 éves korában halt meg. 1981-ben adta közre *High Times, Hard Times* (Jó idők, nehéz idők) című, elsősorban a kábítószer-használat őszinte leírása miatt nagy feltűnést keltő önéletrajzát.[81] A nyolc évvel későbbi, második

---

[80] A swingkorszakban eleinte az énekesnőkre csak egy-két szöveges strófát bíztak, és többnyire azt is csak akkor, miután egy vagy több hangszeres expozíció már elhangzott. Szólóra, improvizációra pedig végképp nem kérték őket a zenekarvezetők. Teljes mértékben nőkből álló swingzenekarokkal O'Day nem dolgozott. Itt köszönöm meg Simon Gábor, kötetünk egyik munkatársának értékes megjegyzéseit a szöveg korábbi változatával kapcsolatban.

[81] O'Day, Anita és George Eells. *High Times, Hard Times*. New York: G. P. Putnam's Sons, 1981 (illusztrált, 349 old.). George Washington Harris amerikai szatirikus író *High Times and Hard Times* címmel, *Sketches and Tales* alcímmel adott ki kisprózát 1867-ben (Nashville: Vanderbilt University Press, 348 oldal), ez O'Day és Eells címválasztásában aligha játszott

kiadásban epilógust is fűzött a kötethez, amely újabb önreflexív gesztusokat tartalmaz. A könyv gazdag a jazz színtér és szereplőinek leírásában, a jazztörténetírás által forrásértékűnek tekintett tényirodalmi alkotás, stílusa szellemes, önironikus és minden öntetszelgéstől mentes. Kritikai és olvasói visszhangja is kiemelkedő volt.[82]

Mint önéletrajz, a *High Times, Hard Times* több különböző paradigmába is sorolható: ha a recepció felől rangsoroljuk ezeket, akkor a szenvedélybetegség vallomásos leírása az első, elsősorban ennek köszönhette a közfigyelmet.[83] Az O'Day generációjába tartozó jazz előadók jelentős része szembesült a kábítószer fogyasztásból adódó különböző problémákkal, ilyen szempontból O'Day inkább szabály, mint kivétel.[84] A függéssel szembeni küzdelmet és a szakmai érvényesülést illetően az objektivitásra törekvés és a „megkapó" narratíva párját ritkítja a hasonló tematikájú könyvek között. A további paradigmák, amelyek meghatározzák a könyv narratíváit: a társadalmi nem konstituálódását mind a karrierben, mind a magánéletben kritikusan taglaló önéletrajz, amelynek külön érdekessége, hogy férfi társszerző jegyzi. Az egyéni érvényesülés újabb két dimenzióját nyújtja egyrészt annak leírásával, hogy az önéletrajzi alany hogyan konfrontálódik a „rags to riches" mítosszal, másrészt annak bemutatásával, hogyan adja vissza annak konfliktusait, hogy művészi és magánéletében egyaránt individualista elveket vallva hogyan tud megfelelni a

---

szerepet, hiszen bevett szólásmondásról van szó, nyilvánvaló azonban a címben a kábítószerre való utalás.
[82] A könyv irodalmi vagy feminista szempontú elemzéséről nincs tudomásom, de jazz-szakírók írtak róla. Az első kiadással a sajtó, a rádió és a televízió is foglalkozott. A *New York Times* recenzense, George Vecsey szerint, aki egyebek között szenvedélybetegségekről is rendszeresen írt, az elbeszélt jelenetek olyan feszültséget hordoznak, mint egy regényben, így a könyv fel is került a lap ajánlott bestseller listájára („Anita's sizzling New York Times Most Notable Best Seller". *New York Times*, 1981. szept. 27.). Más jelentős amerikai és brit napilapok O'Day-nekrológjai is kitértek a könyv erényeire. A bostoni *Jazz Times* című folyóirat szerint a könyv stílusa nagyon közel jár O'Day élőbeszédéhez. A brit *Independent* nekrológja szerint az önéletrajz „szokatlanul megkapó", a *Guinness Jazz-zenészek Lexikona* (főszerk. Colin Larkin, Budapest, Kossuth, 1993) szerint „letehetetlen". Az önéletrajznak 2016-ban is több különböző kiadása volt kereskedelmi forgalomban.
[83] A jazz témájú amerikai szerzők önéletrajzainak tipizálásával próbálkoztam „'I've raked up my past so I can bury it': Body and Self in Two Female Jazz Autobiographies" című, szorosan kapcsolódó tanulmányomban, melyben Ethel Waters és Billie Holiday idevágó köteteit elemzem. Egyértelműek az életrajzi párhuzamok O'Day és kortársa, a fehér amerikai szaxofonos Art Pepper között, aki szintén társszerzővel publikálta önéletrajzát: Pepper, Art és Laurie Pepper. *Straight Life: the Story of Art Pepper*. New York / London: Schirmer, 1979.
[84] A háború utáni amerikai kultúra széles perspektívájú elemzésében helyezi el a művészvilágban szokásosnak nevezhető szerhasználatot Lewis MacAdams *Birth of the Cool. Beat, Bebop and the American Avant-garde* című könyvének „Heroin was our badge" című alfejezete (52-60). A téma igen kiterjedt irodalmából csak egy további, széles horizontú esszét ajánlok: Pallai Péter. „Respectability and All that Jazz". *Americana E-Journal* X [2014], Special Issue on Jazz. http://americanaejournal.hu/vol10jazz/pallai. 2016. október 6.

jazz-, szélesebben értve pedig szórakoztatóipari érvényesülés követelményeinek. Azonban a szokásos önéletrajzi kereteken átnyúlva törekszik a harmadik személyű életrajzra jellemző objektivitásra, például dokumentumok és újságcikkek közlésével.

A szubjektumelméletek és a műfaji kutatások eredményeivel felvértezve ebben az esszében arra keresem a választ, hogy a *High Times, Hard Times* mennyiben simul bele és miben tér el a fenti paradigmáktól, hogyan bontakozik ki a szövegben az elbeszélő én. Figyelemre méltó, hogy az elbeszélő előbb választ pályát, mint hogy társadalmi nemét performatív gesztusokkal konstituálná. O'Day alanyi szerzőként arra törekszik, hogy olyan ént próbáljon konstruálni, melyben énekesnői énrétege kerekedik felül. Kitérek a több szempontból is kínálkozó összehasonlításra Billie Holiday önéletrajzával is. Úgy találom, hogy a *High Times* alanyi szerzője azon kevesek közül való, akik reflektálni tudtak a szövegben a saját társszerzőjükre is.

A narráció főbb vonalai

A könyv *in medias res* kezdődik, az önéletrajzi ént negyvenhét éves korában, 1966-ban egy Los Angeles-i irodaház nyilvános vécéjében eszméletlen állapotban találják meg a mentők. Az elbeszélésből megtudjuk, hogy a kórházban a heroin túladagolása következtében beállt klinikai halál állapotából élesztették újjá. Ezután az önéletrajzi én teljes elvonás módszerrel szakít kábítószeres szenvedélyével, és fokozatosan kerül vissza nemcsak korábbi sikerei szintjére, hanem felül is múlja azt, az előadói pályájának ötvenéves jubileuma alkalmából rendezett koncerten pedig meg is koronázza. A bevezető után az utolsó, számozott fejezetig az elbeszélés visszatér a múltba, és pontosan, a gyerekkortól kezdve követi az életrajz lineáris időrendjét. Az időben előrevetett jelenet az utolsó fejezet elé kapcsol vissza. Így az olvasó kíváncsivá válik, hogy az alanyi elbeszélő hogyan jutott idáig, hogyan sikerült visszatérnie a halál torkából, sikerült-e megszabadulnia a függőségtől?

Ahogy azt Young és Saver neurológusokra hivatkozva Eakin kijelenti: csak aki elvesztette a képességét, hogy narratívát konstruáljon, vesztette el az énjét (How our Lives Become Stories 126). Mintha ennek a tudatában született volna a *High Times, Hard Times*: teljesen koherens, már-már az omnipotens szférába emelkedő szubjektum bontakozik ki, mint elbeszélő én. Ennek az elbeszélői alapállásnak határozottságot ad, hogy az elbeszélő én leírja a klinikai halálból visszatérésének történetét, rögtön a könyv elején. A szöveg a túlélés bizonyítékává válik. A maga teljes kendőzetlenségében performatív gesztusként olvasható az utolsó teljes fejezet címe: „Még itt vagyok"[85] – tudniillik nem a túlvilágon, vagy esetleg a börtönben (274). A narratívában ez az a pont, ahol az elbeszélés utóidejűsége befejeződik, innen jelen idejű elbeszélésként folytatódik az életrajz. A tetszhalott állapotból való visszatérés azon bűnügyi eleme, hogy kábítószer-túladagolás miatt következett be, vonzza a legtöbb olvasót. Azonban a jelen időbe érés fejezetének címe, a „Még itt vagyok", melynek mindhárom eleme deiktikus, illusztrálja, hogy az egész elbeszélés során ez határozza meg az elbeszélő viszonyát az életrajzi tényekhez. Ez az a pont az elbeszélt időben, ahol az alanyi elbeszélő elhagyja a kórházat, ahol korábban a klinikai halál állapotába került, és visszatér az emberek közé. Az önéletrajz aprétege a műfaji altípusnak megfelelően a prominens művész karrierje, így nem csak a magánélet, vagyis házasságainak, zenész- és egyéb barátságainak intimitásai, hanem a kábítószer függőség egyes, például rendőrségi források által a sajtónak kiszivárogtatott részletei is ismertek voltak a társadalmi nyilvánosság előtt, még mielőtt az elbeszélés elindult volna. Erre az elbeszélés olyan módon reflektál, hogy rendre kiegészíti az első személyű narrációt az életrajz eseményeit taglaló újságcikkekkel és más forrásokkal.

A szubjektum túléléséért folytatott küzdelme során az elbeszélésben kiemelkedő narratív vonal a visszatérés, hogy a másfél évtizeden át heroinfüggő előadóművész vissza tud térni hivatásához, és abban megint kiemelkedőt tud alkotni – bár meg kell jegyezni, hogy a szöveg ellentmondásokat tartalmaz arra vonatkozóan, hogy az alanyi elbeszélő pontosan hány évig volt heroinfüggő. A szerfüggő narratívájának de Quincey óta alapszituációja a vallomás, és az elbeszélés célja, hogy az olvasó tanulhasson az elbeszélő történetéből („e vallomás nemcsak érdeklődést kelt majd, de hasznos is lesz és nagymértékben tanulságos" – de Quincey). Ebből az alapállásból, a szerfüggőség utáni időből visszatekintve nyilatkozik az elbeszélő a legsúlyosabb, az alkohol és a könnyű drogok után bekövetkező heroinfüggő fázisáról – amelyet akkor már maga mögött akart hagyni, de még nem tudott –, a következő szavakkal: „[a]zt hiszem, ez mutatja, hogy a függőségünk nem fizikai volt, hanem pszichológiai. Heroin volt az anya, amelyik megnyugtatott bennünket, amikor betegek voltunk vagy érzelmileg sebzettek"[86] (238). Valamivel lejjebb: „[e]z van a heroinnal, hogy nem hétről-hétre, vagy napról-napra kell. Hanem óráról órára. Ha teljesen kivagy, belövöd magad, visszaáll a kémiai egyensúlyod, és jól leszel"[87] (239). Az elbeszélő mintha saját analitikusaként szólalna meg, erre az aspektusra később még visszatérek.

---

[85] „I'm Still Here". Az elemzett szövegre végig saját fordításomban hivatkozom.
[86] „I guess that indicates our addiction wasn't physical, but psychological. Heroin was the mother that soothed us when we felt ill or hurt emtionally."
[87] „That's the thing about heroin, it's not a week-to-week or day-today thing. It's hour-to-hour. You can be really strung out, get a fix, restore the chemical balance and you're fine."

A SZUBJEKTUM SZÍNEVÁLTOZÁSAI

Az önéletrajzi alany számára második legfontosabb, de az elbeszélt időben az előzőt megelőző narratív vonal összetett: három komponense van, ez írja le a tulajdonképpeni szakmai pályáját: a jazz-énekes-nő mint magasztos hivatás megtalálása és sikerre vitele. O'Day pályájának kezdetén, a harmincas évek derekától kezdve a jazz tánczene volt, a hollywoodi filmipar után a második legfontosabb szórakoztatóipari ágazat. Nehézségek árán, de az énekesnő végül túljutott azon, hogy eredeti stílusa kiment a divatból. Autodidakta módon sajátította el előbb az éneklést, és lett híres, sőt viszonylag hamar utánzott előadó. De elsajátította az új kifejezésmód legtöbb elemét is, és a jazztörténet-írás általános értékelése szerint már inkább a modern idiómában alkotó jazz előadók közé tartozik.[88]

Az önéletrajz kontextusát, a jazzt mint az afro-amerikaiak által kialakított műfajt nézve azt látjuk, hogy bár O'Day a chicagói fehér zenekarok, először Gene Krupa zenekarának énekes szólistájaként lett országosan híres, első slágere egy duett volt Roy Eldridge afro-amerikai trombitás-énekessel. Az elbeszélő én részletezi, hogyan igyekezett megtanulni, elsajátítani és gazdagítani az afro-amerikai kultúrában gyökerező jazzt, például amikor sikere volt egy főleg afro-amerikaiak által látogatott helyen: „és mi mást kívánhatna egy énekes, aki annak a fajnak ad elő, akitől származik ez a művészeti ág"[89] (169). Míg O'Day pályájának kezdetén szó sem lehetett az afro-amerikai népesség egyenjogúságáról, például éppen Eldridge panaszkodott a Downbeat című szaklapban arról, hogy mennyire megalázó és hátrányos a faji megkülönböztetés vele szemben.[90] Ez esetben viszont az énekesnő válik a tekintet tárgyává, O'Day alanyi elbeszélője fehér létére az afro-amerikaiak tekintetében méri a sikert.

Hasonló módon ahhoz, hogy fehérként hogyan sajátította el az afro-amerikai zenei műfajt, O'Day önéletrajzi elbeszélője részletesen kitér arra is, hogy nagyzenekari énekesként hangszeresekre akart jobban hasonlítani, kevésbé énekesekre, mert úgy gondolta, hogy nincsenek kiváló hangi adottságai, nem is képzett énekesnő (166). Az első jazzklub-fellépések kapcsán (3. fejezet) arról különösen sok szó esik, hogy mennyit tanult dobosoktól. Fontos az a szubjektum testiségével kapcsolatos momentum, hogy O'Day korai tinédzser éveiben orvosi műhiba áldozata lett, egy mandulaműtét során az orvos óvatlanul lenyisszantotta a nyelvcsapját (53). Ennek azért lett óriási jelentősége pályáján, mert az alanyi elbeszélő tisztában volt vele, hogy ezzel a fogyatékossággal kevésbé képes vibrátót énekelni, de ez sem térítette el magasztosként megélt hivatásától, hasonlóan

---

[88] A tekintélyes kritikus és promóter, Leonard Feather 1960-ban kiadott lexikonában így értékelte: „Anita O'Day, bár indulása a swingkorszak kései éveire esik, modern énekesnő maradt a kifejezés minden értelmében, és továbbra is roppant fontos a hatása" (370-371).
[89] „… which is all a jazz singer can ask when performing for the race that originated the art."
[90] Feather, Leonard. „No More White Bands For Me, Says Little Jazz". *Downbeat*. 18.10 (1951. május 18.) 13.

ahhoz, ahogy túltette magát azon, hogy nem tartotta saját kinézetét különösebben szépnek sem. Tudatosan csinált a szükségből erényt, amikor pattogós ritmusú, rövid hangokból felépített dallamokat énekelt a hosszú, kitartott hangok helyett, és ez lett jellegzetes, egyéni stílusának egyik alapeleme (53). A „song stylist" elbeszélői önmeghatározásra még visszatérek, de az elbeszélő programszerűen hangsúlyozza, hogy mindig igyekezett produkcióját jobbá tenni, felfrissíteni, mert: „[t]udtam, hogy nincsenek meg hozzá a technikai képességeim, viszont nagyon nagy szívem van"[91] (141). Példaképe Assault, a dongalábbal született versenyló volt, amelyik megnyerte a Kentucky Derby-t (141).

O'Day elbeszélője nem először távolítja el magától a testi adottságait, nem először disszociálja magát fizikai körülményeitől. Kiskorú lévén arra kényszerítették, hogy otthagyja a táncmaratonokat, és visszaüljön a középiskola padjába: „[a] Senn középiskola birtokolta a testemet reggel kilenctől délután négyig, de a szellemem a felsővárosi mulatókban kóborolt"[92] (47). Ugyancsak a társadalmi elvárások megszegésének minősült, hogy az alanyi elbeszélő fiatal nagyzenekari énekesként a turnén nem tipikus lányruhát, hanem a csupa férfiakból álló zenekar egyenruháját öltötte magára. Kétszer is utal rá, hogy ezzel elindultak a találgatások esetleges homoszexualitásáról (160, 263). Ezek a szöveghelyek azt mutatják, hogy az alanyi elbeszélő saját testét az embodiment fogalmával meghatározott módon identitásának kialakítási felületeként használja, áhított hivatásának, szerepének megfelelően. Azonban Mackenzie, részben a feminista érveléssel szemben megállapítja, hogy ez az attitűd nem a társadalmi elvárások szolgai elfogadását jelenti: „[m]indannyian, nők éppúgy, mint férfiak, az ön-teremtés és önmegfigyelés módozataiba vagyunk gabalyodva, amelyek különböző hatalmi hálózatokba kötnek bennünket, de attól még sosem tesznek bennünket csak passzívvá és elfogadóvá. Ezek konstituálják mind a testet, mind a szubjektumot"[93] (144). Az olvasó érzi az alig rejtve maradó ellentmondás feszültségét, hogy a hivatás testi követelményeinek felismerése és megvalósítása, valamint az elbeszélő által folytatott szerhasználat következményei a szervezetre csak bajosan egyeztethetőek össze.

A túlélési narratíva harmadik vonalaként is leírható az én pszichológiai fejlődésének ábrázolása az elbeszélésben, melynek során az alanyi elbeszélő elhagyott gyerekként, később elvált, emancipált nőként feldolgozza a családi

---

[91] „I knew I didn't have any chops but I knew I had a lot of heart."
[92] „Senn Junior High had my body between 9:00 A.M. and 4:00 P.M., but my mind was wandering the taverns of the Uptown district."
[93] „All of us, men as much as women, are caught up in modes of self-production and self-observation; these modes my entwine us in various networks of power, but never do they render us as merely passive and compliant. They are constitutive of both bodies and subjects."

szeretetkapcsolat és a tartós párkapcsolat hiányát, hogy végül életprogrammá emelje a társtalanságot. Mint fontos réteg, erről majdnem minden fejezetben szó esik, a szülők szeretetének hiánya, két általa felbontott házasság, és a kettőnél együtt is hosszabban tartó szexmentes társkapcsolat leírásaiban. Ennek a narratívának a döntő voltát mutatja, hogy a kutyájának dedikálta az önéletrajzot, mert pályája zenitjét magányosan megélve – ez erre utal – nem volt olyan ember, aki elég közel állt volna hozzá ekkoriban. Viszont a társtalanság és a párkapcsolat hiányának tudatosítását az alanyi elbeszélő kivetíti tinédzserkori személyiségére is, ezzel az egész életrajzon át egy olyan ívet húz, amely a magánélettől a szakmai élet tényei felé igyekszik terelni az olvasók figyelmét, hogy ezáltal is elfogadják az elbeszélő én által felállított prioritást.

> Így tehát ittam, szívtam, és megtanultam elrejteni a fájdalomérzésemet egy bulizós, szvinges csaj személyisége mögé, akit gondosan kifejlesztettem. Amikor kiálltam a színpadra, és elénekeltem az It's De-lovely-t vagy az Organ Grinder's Swing-et, akkor kaptam meg azt a szeretetet, amelyre vágytam. Nem volt senkire sem szükségem. Számomra a zene egyenlő volt a szerelemmel. (56)[94]

Ez az összetett énréteg az alanyi elbeszélő nőként megélt tapasztalatait fogja össze, miközben a szöveg nyilvánvaló teszi, hogy az alapélmény az (érzelmileg) elhagyott gyereké.

Az alanyi elbeszélő fehér chicagói lányként, majd turnézó énekesnőként megkülönböztetésnek volt kitéve. Még kezdő énekesként, egyedüli nőként utazott a kizárólag férfiakból álló Gene Krupa-nagyzenekarral a turnébuszon, de állta a szócsatát; egy, az ő kárára elsütött macsó viccre reagálva felvette a kesztyűt, és férfiasságpróbával fenyegetve vágott vissza (98). A jelenet bevezetésénél az alanyi elbeszélő idézi a kitételt, hogy a turnébuszban O'Day nem kért két helyet, ami csak neki, mint nő járt volna a zenekarvezetőn kívül, mert, úgymond ő nem fiúst-lányost játszik, hanem „emberi lényt"[95] (97).

Ha továbbra is ezt a szálat követve a tinédzserkorról szóló fejezetet, a felnőtt életbe vezető első lépéseket vizsgáljuk (33-34), fel kell figyelnünk arra, hogy O'Day előbb választott pályát, mint hogy társadalmi nemét konstituálni tudta volna. Judith Butler a társadalmi nem konstituálódása kapcsán végrehajtott tettek performatív jellegét taglalva kiemeli, hogy „azok a cselekedetek, amelyekkel megkonstruálják a társadalmi nemet,

---

[94] „So I drank, got high, learned to cover up my feelings of pain beneath a hip, swinging chick personality I'd carefully developed. When I went on stage and sang 'It's De-lovely' or ' Organ Grinmder's Swing,' I got the love I craved. I didn't need anyone. For me, music equalled love."
[95] „I told him I didn't play girl-boy, I played human being."

hasonlatosak a színházi kontextusban előadott performatív cselekedetekhez"[96] (519). O'Day könyvében az alanyi elbeszélő azt osztja meg az olvasóval, hogy miután átélte a látomást, amelyben megkapja az ígéretet, hogy énekesnő lehet belőle, nemcsak hogy pályát választott, hanem azt mindennél előbbre is helyezte saját életében: „[e]zután már semmi – család, szerelmek, férjek, gyerekek, az otthon – sem tudott versenyezni azzal a késztetésemmel, hogy zenében fejezzem ki magam"[97] (39). Otthonról elcsavargó tizenévesként maratoni táncversenyeken indul, ahol a show részeként esküvőt is rendeznek, melyben ő játssza a menyasszonyt. Majd jelentkezik egy álláshirdetésre, ahol lenge öltözetben demonstrálják a lányokon a női test anatómiáját: „[c]sak egy naiv tizenöt éves voltam… el sem tudtam képzelni, hogy szexet árulnak"[98] (43). Később barátnője szavaira így emlékszik vissza: „»Te mindig magadra gondoltál mások előtt. Számodra, Anita, mindig a karrier volt az első« – mondta gyakran"[99] (55). Zenésztársával tizenhét évesen kötött első házasságát ezekkel a szavakkal próbálja megmagyarázni az olvasó számára: „[n]em tudom, hogy ezt a legtöbb ember megérti-e, de a két legmélyebb érzelmi kapcsolatom zenei együttműködésből nőtt ki és nem szerelmi vagy testi vonzalomból. […] Még csak tizenhét éves voltam, és nem voltak férfi-nő kapcsolataim"[100] (59).

Az alanyi elbeszélő tizenhét éves korától, a hamar kudarcba fulladt első házasságától kezdve azokat az emlékeit osztja meg, amelyek arról szóltak, hogy női identitását vagy nem tudta, vagy nem akarta társadalmi nemként a korabeli fehér, középosztálybeli társadalmi elvárásoknak megfelelően kibontakoztatni. Fiatal úgynevezett „énekesmadárként" a bevett kislányos énekesnői ruhát a férfi zenekari tagok egyenruhájára cserélte (160), és ugyanúgy használta a trágár szavakat, mint a zenekari tagok, rendszeresen elnyerve a pénzüket kártyán (136). A táncversenyek során egyik kollégája elárulta neki, hogy ő egyben prostituált is, de a kispolgári neveltetésű elbeszélő érzékelteti, hogy számára ez a nemi szerep tilos jelzés volt (38). Mégis beleáll abba a „Jezebel of jazz" címkével ellátott, kezdő énekesnőként maga választotta szerepbe, amely az elbeszélés tanúsága szerint pályája végéig újra és újra felemlegetődik. További epizódok támasztják alá az önéletrajzban, például a kötet képmellékletének első személyben íródott képaláírásai (160), hogy az elbeszélő az énekesnőként való érvényesülést

---

[96] „…the acts by which gender is constituted bear similarities to performative acts within theatrical contexts."
[97] „But nothing else–family, lovers, husbands. children, a home–could compete with my need to express myself musically after that."
[98] „I was such a naive fifteen-year old … I had no idea he was selling sex."
[99] „'You never thought more of anyone than yourself. With you, Anita, your career always came first.' she often said."
[100] „I don't know whether most people can understand this, but my two deepest emotional commitments grew out of musical collaboration rather than romantic or sexual attachments. […] I was only seventeen and not really into man-woman relationships."

helyezte a társadalmi nem konstitúciója elé, és ez tudatos folyamat volt a szövegben reprodukált saját emlékei, valamint környezetének visszajelzései alapján. Azonban a társadalmi nem konstituálása kapcsán Butler azt is hangsúlyozza: „[a] társadalmi nem hibás performálása sorozatos, nyilvánvaló és közvetett büntetést von maga után, míg helyes performálása megerősítést ad arra nézve, hogy mégiscsak létezik a társadalmi nem identitásának esszencializmusa" (528). Ennek fényében O'Day alanyi elbeszélője inkább kényszerből, mint szabad választásából alakította így prioritásait, amelynek pontos indokára is rálátást enged: „[a] szépségek ilyenként is tették-vették magukat. Én sosem tettem-vettem magam így, mert sosem tekintettem magam szép lánynak. Én inkább élénk voltam"[101] (65). Tehát eltérőn a legtöbb hasonló szórakoztatóipari önéletrajztól, O'Day elbeszélője nem csak saját pozitív tulajdonságait igyekszik kidomborítani, hangsúlyozza non-konformitását, és ez a társadalmi nem elvárásrendszerére is kiterjed, annak ellenére, hogy ezzel nem könnyítette meg karrierjét.

Az önéletrajz szerint az alanyi elbeszélőnek a testi erőszak legdurvább, traumatizáló formáit is el kellett szenvednie: egy időben egy pszichopata rajongója férkőzött a közelébe, és zaklatta; több próbálkozás után csak a mind szimbolikus jelentőségű, mind gyakorlati fontosságú kottái, saját egyéni repertoárjának írásos formája odahagyása árán tudott megszabadulni tőle. A könyv megjelenése idején különösen az a jelenet keltett feltűnést, amelyben egyszer egy öltözőben megerőszakolta egyik kollégája, egy karakterszínész, amiből abortusz lett (171-175). Ráadásul az abortuszt életmentő műtétként kellett végrehajtani, mert méhen kívüli terhesség alakult ki. Ennek elbeszélésében felbukkan egy „személyes orvos", akiről azt feltételezem, hogy pszichoterapeuta, de nem tudom szöveghellyel bizonyítani, hogy az önéletrajz alanyi elbeszélője a kórházi kezelés alatt vagy máskor pszichoterápiában is részesült volna. Pedig erre utal a nőként átélt életesemények reflektív interpretációja az önéletrajzban, kezdve az anyai szeretethiánnyal (példaként lásd 129, 196-197, 238), folytatva a párkapcsolatok lelki történéseinek általánosításra hajló kitételeivel, és a már fentebb idézett, a függést a tárgykapcsolattal párhuzamba állító mondatokkal. További közvetett bizonyíték, hogy az elbeszélő megemlíti: későbbi első férje, egy dobos, a tükörben nézte magát játék közben. Az elbeszélő ezt úgy értékeli a könyvírás jelen idejében, tehát több mint ötven évvel később, hogy az olvasók most ezt nárcizmusként lenéznék, de akkor ez őt nem zavarta, csak azt gondolta, hogy a dobos különc (57). Hozzá is teszi, hogy akkor ő még nem hallott a magát a víztükörben nézegető görög srácról.

---

[101] „Beauties came on like beauties. I never came on like that because I never considered myself a pretty girl. Instead, I was vivacious."

A retrospektív nézőpont analitikus jellege ezeknél is jobban kidomborodik a tizenhét éves kori életvitelének felidézésénél: „[v]isszatekintve azt is látom, hogy mindig egyedül voltam, gondoskodnom kellett magamról, a lehető legjobban átvészelnem, hogy nem kaptam meg, amit egy tizenhét éves általában kap a családjától. Füvet szívtam, ittam, játszottam a menőt, így tudtam elrejtőzni magam elől, nehogy felismerjem a fájdalmamat és a megfosztottságomat"[102] (56). Nyilvánvaló és sokszor hivatkozott párhuzam állapítható meg a pszichonalatikus terápia és az önéletrajz beszédmódja és funkciója között, amint azt az önéletrajzi identitásokról szóló tanulmánykötet egyik szerzője is megállapítja[103]. Ezek alapján a High Times, Hard Times – melyben a vallomásos jelleg a tárgyilagosságra törő alaphangon is állandóan átüt – elemzése pszichoanalitikus irányt vehetne. Egy ilyen elemzésnek külön kellene választania az analitikus és a kliens beszédmódjában leírt mondatokat.

Az elbeszélő által megjelenített identitások közül a jazzénekesnőé a legkoherensebb. Az identitás konstrukciójának első lépése volt, hogy Anita O'Dayre változtatta nevét a sokkal prózaibb Anita Belle Coltonról.[104] Tinédzser korú kezdő énekesként „Jezebel of jazz"-nek hívatta magát, amivel elsősorban provokálni akart, mert ezt a nevet a bűnre hajló, sőt, a rosszlány szinonimájaként használták (298).[105] Amint arra korábban szintén utaltam, az önéletrajz egy dramaturgiailag fontos pontján egy Jézus-szerű alak látomásban jelenik meg az alanyi elbeszélőnek, és megígéri, hogy egy kívánságát teljesíti. Az elbeszélő azt választja, hogy énekesnő lehessen (39). És az elbeszélő retrospektíven azt is leszögezi, hogy ettől kezdve ez volt a legfontosabb az életében, fontosabb még a párkapcsolatainál is. Énekesnői hivatását ezen a látomáson kívül máshol is a vallásos hit toposzaival kapcsolja össze, egy helyen például „missziós munká"-nak nevezi az éneklést, és kifejti: nem akarta, hogy a színpadon kívüli élete zavarja a

---

[102] „Looking back, I also realize I was always alone, fending for myself, doing the best I could without the family support a seventeen-year-old ordinaarily gets. Smoking pot, drinking, playing it cool were my ways of hiding the pain and deprivation I wouldn't let myself recognize."

[103] „A traumatikus események átdolgozási folyamata tehát tulajdonképpen annak a (nyelvi) önreflexív képességnek a kialakítása, amelynek segítségével az analizált folyamatos elbeszélésbe szervezi élete eseményeit." (Papp 160-161)

[104] Az egyébként létező O'Day családnevet, mint önéletrajzában (34) és több interjúban is elmondta, a szó korabeli szleng jelentése miatt választotta. Mai magyar megfelelője ez lehetett: „zsé". Vö. Pellegrinelli, Lara. „Anita O'Day: Yesterday & O'Day". *Jazz Times* (2002 december). http://jazztimes.com/articles/19719-anita-o-day-yesterday-o-day. 2016. október 6.

[105] A név nemcsak a jazz szóra rímel, hanem az elhagyott Belle névre is. A Királyok első könyvében szereplő bűnös nő neve magyarul Izebel, a harmincas évek Amerikájában a rosszlány szinonimájaként használták. 1939-ben mutatták be Bette Davis főszereplésével a *Jezebel* című filmet, amely a címszereplő hivalkodás miatti vezeklésének történetét a XIX. századi Louisianába helyezi.

pályájának kiteljesítésében (255). A (társszerzős) elbeszélő úgy adja vissza Anita O'Day művészi céljait, hogy elejtett részletekből, mint például az iménti három hely, kibontakoztatható az alantastól a magasztos felé vezető út, amelyen az alanyt a transzcendens látomás indítja el. Az alanyi elbeszélő szándékát – amely ebben az esetben elválasztható a társszerzőétől – sejtetni engedi a transzcendensként megélt találkozás valódi jellegének hangsúlyozása azzal szemben, hogy ezt az olvasó vízióként vagy álomként is érthesse: „[l]ehet, hogy zizi voltam, de teljes mértékben hittem benne – és most is hiszem..."[106] (39).

Valamivel érettebben, amikor az énekesi-zenészi mesterségben magasabb szintre igyekezett jutni, már song stylistnak, stílusművésznek kezdte nevezni magát. Ezzel kapcsolatban az alanyi elbeszélő tételmondata: „[a] fő dolog abban, hogy valaki énekes stiliszta az, hogy egyszer sem énekel egy dalt ugyanúgy" (282).[107] Az alanyi elbeszélő ezzel kapcsolatban összhangban van a külvilág ítéletével, és ezt több, O'Day stiliszta erényeit méltató újságcikkel és kritikával támasztja alá (230-231), előadóként pedig kiadott egy The Jazz Stylings of Anita O'Day című nagylemezt 1965-ben. A kulcsmondatot a pályáján időrendben második fontos zenekarvezető fogalmazta meg: „[f]élelem nélkül énekel", nyilatkozta róla Stan Kenton, hozzátéve, hogy ettől olyan dinamikus (175). Ez természetesen az improvizatív készségének a méltatását jelenti, azonban teljes előadói felfogására is igaz. Előadóművészként bátran tér le a járt útról, például nem csak a rögtönzött zenei részbe épít be új elemeket, de a dalok szövegével is szabadon bánik. Bátornak nevezhetjük az alanyi elbeszélőt is, mert saját személyiségét őszintén performálja, továbbá a szórakoztatóipari konvenciók (a jó tulajdonságok kidomborítása, az előnytelenek kisebbítése és így tovább) figyelmen kívül hagyásáért és az alsó-középosztálybeli hagyományos női szerepek átértékeléséért. Könyvére is igaz, hogy félelem nélkül íródott, bár volt egy pillanat, amikor az alanyi elbeszélő visszalépett, mert egyszerűen megijedt kitárulkozásának várható következményeitől, erre még visszatérek.

Több más előadóművészi önéletrajzhoz hasonlóan O'Day könyve is úgy született, hogy miközben az élő előadás közönségéhez szokott előadó áttért a színházi/zenei műfajról az írott műfajra, narrációjának címzettje ugyanaz a közönség maradt, amelyet már általános szinten megismert előadóként. Igaz

---

[106] „Maybe I was suirrelly, but I truly believed–and I still believe–."
[107] „The main thing though is that being a jazz stylist I never do the song the same way." Az eredetiség, az előadás (interpretáció) egyénített jellege a modern jazz esztétikájának ma már nyilvánvaló követelménye. Ám a swingkorszakban, a negyvenes évek közepe tájáig, amikor jazz és tánczene szinte nem is létezett külön, ezt az elvet még nem osztották, a tánczenei funkció ennek éppen ellenkezőjét kívánta meg. Viszont a *be bop*, majd más modern jazz stílusok kialakulásával az eredetiség önérték lett, az autodidakta O'Day ezt ismerte fel és vitte magas szintre, anélkül, hogy odahagyta volna a swing valamennyi stílusjegyét.

ez ennek a könyvnek az esetében akkor is, ha a kommunikáció tényleges címzettje O'Day önélet-mondása során társszerzője, George Eels volt, hiszen ez a könyv is hosszú-hosszú négyszemközti beszélgetések, formális interjúk alapján formálódott. Egyébként ezt illusztrálja az önéletrajzi társszerző angol nyelvű megjelölése („as told to") is.[108] Az alanyi elbeszélőnek nem kell megkonstruálnia az elbeszélés valóságát: ahogy ő ismeri a közönséget, úgy azt is feltételezi, hogy aki a könyvét kezébe veszi, az szintén ismeri őt, az ő művésznevét, a szórakoztatóiparban és az amerikai kultúrában kivívott ismertsége és népszerűsége okán támaszkodhat az interszubjektív viszonyok a priori meglétére (vö. Taipale 69).

O'Day azt közvetíti az önéletrajzában, hogy a mezőnyből stilisztaként akart kiemelkedni. Ebben az összefüggésben az O'Day-féle önéletrajzi elbeszélőnek a legendás énekesnőhöz, Billie Holiday-hoz, az ugyancsak kábítószer-problémákkal küzdő példaképéhez fűződő viszonyára is érdemes kitekinteni, mert az identitás több rétegét is érinti. Holiday jelentős példaképe volt O'Day-nek – mint ahogy O'Day pályakezdése idején szinte minden ambiciózus jazzénekesnőnek –, olvashatunk is arról, hogy kiindulópontnak tekintette (52-53). Az önéletrajzban és interjúkban nem találtam rá adatot, így feltehetően nem tudatos választás volt, hogy O'Day művészneve ennyire hasonlítson, sőt rímeljen Holiday-ére. Az életrajzi időben előre haladva az elbeszélő retrospektív megjegyzést is tesz („Nos, én évekig másoltam Holiday ballada-stílusát"[109] [140]), és azt is megtudjuk, hogy ettől kezdve saját stílusára nézve a hangszeres szólisták művészetéből igyekezett inkább konzekvenciákat levonni. Az elbeszélő is kitér rá később, hogy egyik felvétele („It's Different When it Happens To You") még akkor is Holiday hatását mutatja, amikor már tudatosan felhagyott példaképe stílusjegyeinek imitálásával (157). Azok között az újságkritikák és szaksajtóbeli értékelések között, amelyeket a könyv idéz, fontos referenciát ad például a tekintélyes jazz szaklap, a Downbeat 1941-es kritikusi listája (115), amelyen O'Day Holiday mögött lett negyedik, vagy a Playboy kritikusának kijelentése, mely szerint O'Day Billie Holiday-hez, Ella Fitzgeraldhoz és Sarah Vaughanhoz (ti. a legnagyobbakhoz) mérhető nagyság (292). Holiday példaképe lehetett O'Day-nek abban is, hogy elsők között írt Vallomások jellegű önéletrajzot a jazz hírességei közül, és ennek talán legfontosabb témája, hogy hogyan próbált megszabadulni szerfüggőségétől. Az is egyértelmű, hogy mindkettejük számára terápiás hatású lehetett a társszerző közreműködésével történt szembenézés addigi életükkel. A két szöveg alapján sok bizonyítékot lehet találni arra, hogy Holiday-nek kevésbé volt harmonikus együttműködése a társszerzőjével.

---

[108] Kereskedelmi szempontból evidencia, de a két közönség egybevételére mutató érvet alátámasztja, hogy az önéletrajz második kiadáshoz jelentős terjedelmű, teljességre törekvő diszkográfiai függeléket tett hozzá a kiadó.
[109] „I copied Billie Holiday's ballad style for years."

Mindkét alanyi szerző valamilyen krízist volt kénytelen átélni a könyveik megjelenése kapcsán, Holiday könyve jogi problémák, a kiadó jogászainak közbelépése miatt nem jelenhetett meg rögtön a kézirat elkészülte után, amíg bizonyos, rágalmazás miatti pereket esetleg magával vonó részeket ki nem húztak. O'Day viszont a könyv megjelenése kapcsán lépett vissza menet közben az interjúturnétól, megrettenve a legnagyobb nyilvánosság előtti kitárulkozásának következményeitől. Az olvasóban felmerül a gyanú, hogy Holiday és más nagy elődök életmódja, pályája olyannyira az egyedüli lehetséges útként tűnt fel a tapasztalatlan O'Day előtt, hogy esetleg a szerhasználatban is utánozni akarta őket. Egy elejtett megjegyzés, az érett O'Day pályáján bekövetkezett epizód kapcsán megerősíti ezt a gyanút. Amikor először találkoztak, heroint is fogyasztottak közösen: O'Day akkor még elborzadt azon, hogy Holiday milyen nagy adagot szúrt fel magának, és hogy már alig maradt ép vénája a testén (242). Amikor viszont egyszer később, a Newport Jazzfesztivál alkalmával közös öltözőt kaptak, akkor O'Day ugyan nagyon szerette volna elmondani Holiday-nek, hogy mennyire tisztelte és csodálta, de Holiday ügyet sem vetett rá, így erre nem került sor (242). Tiszteletét O'Day egy úgynevezett tribute lemezen is kifejezte, bár nem ő kívánta magának a szükségszerűen adódó összehasonlítást: az egész lemezen Holiday híres számait énekelte. Az önéletrajz szerint pontosan tisztában volt vele, hogy túlzó az a kritika, amely dicsérte, hogy teljesen a sajátjává tudta alakítani ezeket a dalokat, de azért jól esett neki (233-234).

Arra a kérdésre tehát, hogy valóra tudta-e váltani O'Day az American dream típusába sorolható, az érvényesülés és meggazdagodás iránt támasztott céljait, nem válaszolhatunk egyértelmű igennel, mert ez egyik ábrázolt énrétegben (ti. a szerhasználó, a jazzénekesnő, a társkereső/társtalan) sem sikerült maradéktalanul az alanyi elbeszélő értékelése szerint. Az elbeszélő(k) szerzői célja egyértelműen azonosítható akár már az általam megadott hivatkozások alapján is: a szakmai élet, a jazzénekesnői énrétegnek a másik kettő fölé emelése.

Műfaj és narratíva

Valami azonban akadályozza a közelebb férkőzést az önéletrajz alanyi elbeszélőjéhez: a „*ghost writer*"-t foglalkoztató önéletrajzi szerzők művei a sokat hivatkozott Lejeune-i meghatározás szerint nem is lennének valódi önéletrajzok, hanem „csak" életrajzok. Lejeune újabb írásaiban enyhít „szerződésének" szigorán. Leszögezi, hogy vitán felül az az önéletrajz, amely a „»ki vagyok?« kérdésre a hogyan váltam azzá *elbeszélésével* felel" (230). Az elbeszélés szót a szövegben maga Lejeune kurziválja, ezzel eltolva a hangsúlyt a narráció irányába, de végső kritériumként továbbra is az elbeszélőnek az igazságra törekvését teszi fókuszba: „[a]z igazság elmondása önmagunkról, önmagunk egészelvű szubjektumként megalkotása a képzeletbeli területéhez tartozik. Hiába lehetetlen műfaj az önéletírás, attól még létezik. Az önéletírást leírva valóságnak véltem a vágyaimat, melyeket a maguk valóságában szerettem volna leírni" (240). Bár Lejeune itt csak egy rövid utalást tesz „a többes számú szerző"-re (226), határozottan kitágítja eredetileg szűkebb definícióját, megengedi, hogy „lehetnek kétértelmű vagy átmeneti esetek" (253).

Az önéletrajz műfajáról több kötetet publikált Eakin többször is hivatkozik Olneyra (pl. *Fictions in Autobiography* 188, *Touching the World* 102), aki alaposan körüljárta azt a tételt, hogy

> a szelf[110] önmagát azon metaforákon keresztül fejezi ki, amelyeket megteremt és projektál, és ezen metaforákon keresztül ismerjük meg, de nem létezett ezen metaforák előtt úgy, ahogy létezik most. Nem látjuk, nem érintjük a szelfet, de látjuk és érintjük a metaforákat: és így ismerjük a szelfet, az aktivitást, az ágenst, amint megjelenik a metaforában és a metaforizációban. (Bókay 10)

Az önéletírás folyamatának különösen érdekes részére, sőt gesztusára hívja fel a figyelmet Paul de Man a romantika retorikáját taglaló könyvében, Lejeune-re is reagálva. Ennek fordítása ugyan „Az önéletrajz mint arcrongálás" címmel jelent meg magyarul, de amiről de Man értekezik, nehezen fordítható, bajosan egy szóba sűríthető fogalom. Meglátása szerint ugyanis az önéletrajz nem műfaj, vagy beszédmód, hanem az olvasás vagy a megértés alakzata, ez viszont minden szövegre jellemző többé-kevésbé. Nem beszédaktuson nyugszik, ahogy Lejeune véli, hanem trópusokon. De Man azt is kifogásolja, hogy a Lejeune-i képletben a valós személyhez kötődő szerződéssel az olvasó ellenőrré redukálódik: azt figyeli, van-e érvényessége a leírtaknak az életrajzhoz képest, így elvész az önéletrajz tükörképszerű jellege. Márpedig ennek a tükörképnek de Man szerint maszkszerűséget ad az önéletrajzíró szubjektum, sőt, az élettelent a visszabeszélés, válaszadás képességével is felruházza: „a prozopopeia az önéletírás trópusa, melynek révén az [az önéletíró] illető neve [...] olyan érthetővé és emlékezetessé válik, akár egy arc" (6). Bár de Man példái a romantikus költészetből fakadnak, feltűnő, hogy ezt a „visszabeszélést" egy példánál a szubjektum által elbeszélt tetszhalott állapotig vezeti vissza – márpedig egy speciális tetszhalott állapot a *High Times, Hard Times* narratívájának kiindulópontja is. A klinikai halál állapotában lévő alanyi elbeszélő néma, de ez az önéletrajz felruházza ezt a maszkot, ezt a tetszhalottat a megszólalás képességével, hogy el tudja mondani: mi történt

---

[110] Eakin szóhasználatában a hivatkozott kötetben a szelf és a szubjektum között nincs áthidalhatatlan szakadék.

vele.[111] Az önéletrajz elméleti irodalmában régi keletű az elbeszélő önéletrajzi alany és az elbeszélt önéletrajzi alany időben is elkülöníthető megkülönböztetése. Ebben a megvilágításban a narratív szerkezetet is máshogy látjuk: a klinikai halál állapotából történő visszatérés következett be az önéletrajzi beszédaktus gyakorlásával, az elbeszélő így kelt életre. De a szubjektum fokozatosan tért vissza ebbe az ideiglenesen élettelenné vált testbe – akár azt nézzük, hogy a túladagolás után a kórházban lábadozott, akár azt, hogy ezután még meg kellett szabaduljon a függőségétől. Az önéletrajz úgy adja meg az életbe visszatérés dimenzióját a „maszk"-nak, ahogy az elbeszélés visszavezeti a kábítószermentes életbe a szubjektumot. A tükörmetaforához visszatérve: az elbeszélő én megszólaltatja tükörképét, és elmondatja vele, hogy holt állapotából hogyan talált vissza az életbe. Hasonló következtetésre jut a fogalom lacani megközelítése: a tükörstádium leírása.

Blanchard úgy foglalja össze Lacan idevonatkozó tanítását, hogy „[a]z önéletrajz célja a tükör-stádium újbóli megteremtése, melyben a felismerés élménye (a narrátor ráismer múltjára) alárendelődik a valóság szimbolikus tartalmának" (99). Az önéletrajz interpretációjánál tehát elméletileg és ennek az O'Day-féle túlélési narratívakötegnek az értelmezésénél is hivatkozhatunk Lacanra, miszerint az önéletrajz által közvetített kép sokkal koherensebb; ezzel a tükörképpel egyszerre következhet be elidegenedés és azonosulás.

A tükörstádium a pszichoanalízisben a fejlődéspszichológiából átvett fogalom, a csecsemő fejlődésének az a stádiuma, amikor nagyjából tizennyolc hónaposan felismeri a tükörben magát. Amit ott lát, az még egységes kép magáról, ugyanis az idegrendszere nem olyan fejlett, hogy ezt a képet analizálja. A tükör-stádiumban ezzel a képpel azonosul, és ezzel el is idegenedik magától, mert egy jóval koherensebb képpel azonosul, mint önmaga. Ezzel analóg a lacani elvek szerint az önéletrajzzal a szelf tükreként való identifikáció, ami a későbbiekben konstitutív. Ugyanis Lacannál a szubjektum kettős elidegenedése, avagy a fejlődés mint jelölőláncok kialakulása a következő két fázisból áll: az Én születése (a szubjektum a Másik gyönyörének foglya) a valós nyelv előtti szférában zajlik le. A csecsemőnek nincs saját vágya, csak az anyának próbál megfelelni. A legmélyebb rétegben tehát a másik vágyát találjuk. Ez egy szélsőségesnek nevezhető lacani állítás, de az újabb fejlődéslélektani kutatások is alátámasztják, hogy a szubjektumban leginkább a velünk születettből a környezet megerősítette vonatkozások maradnak meg. A második szakasz a beszéd megjelenése, belépés a szimbolikus rendbe, az imaginárius szférába,

---

[111] A tetszhalott kifejezés nem túlzás annak fényében, hogy annak idején volt újság, amelyik az eset kapcsán halálhírét keltette. Vö. Hajdu, David. „Heroine". *New Republic*. 2006. Dec. 25. https://newrepublic.com/article/71935/heroine-0 2016. október 6.

amikor már képesek vagyunk a beszéd elsajátításra. A szavak valami helyett állnak, ezt megtanuljuk, ez a jelölőlánc. Ámde ezzel a gesztussal megtanuljuk azt is, hogy a belső tartalmainkra találjunk egy jelölőt, hiszen Lacan szerint a jelölőt (belső tartalmainkat) sohasem tudjuk maradéktalanul megismerni. Bókay is emlékeztet De Man kapcsán arra, hogy a szelf csak tárgyiasulásaiban létezik, önmagában megragadhatatlan.[112]

A nem pszichoanalitikus kiindulású elméletek nem kérdőjelezik meg a szubjektum hitelességét saját emlékei (re)konstruálásában. A posztmodern iskolákra is támaszkodó Sidonie Smith és Julia Watson műfajelméleti fejtegetései viszont azt emelik ki, hogy az önmegfigyelésnek van történeti dimenziója, szerintük az élettörténet narrátora számára az emlékek az elsődlegesek, és a többi, a tárgyi jellegű emlékek (például levelek) csak másodlagosak. Más elméletalkotókhoz hasonlóan ők is leszögezik, hogy az önéletrajzi igazság nem egyenlő a történelmi igazsággal (12).

A *High Times, Hard Times* alanyi elbeszélőjének – és vele együtt társszerzőjének – az a célkitűzése, hogy az önéletrajzi elbeszélést a lehető legnagyobb hitelességgel ruházzák fel, ezért a szokásosnál több a „történelmi igazság" felé mutató, harmadik személyű betétszöveget olvasunk: ilyenek például az O'Dayről szóló újságcikkek, levelek és főleg a nyitó epizód kórházi zárójelentése.

Ugyancsak a hitelességet növeli, amikor az elbeszélő én önreflexiókat közöl az emlékezéssel kapcsolatban; anyjáról például így ír: „[a]mikor visszaemlékezem, úgy tűnik fel számomra, mint aki [...]"[113] (23). És ugyanebben a részben: „[a]z egészben az a furcsa, hogy még ma is nehezemre esik a legmélyebb érzéseimről beszélni"[114] (23). Különösen érdekes az elbeszélő énre vonatkozó önreflexió és az olvasó legközvetlenebb megszólítása egy komplex gesztusban, abban a részben, amiben egy őt utánzó énekesnőről, a Kenton-zenekarban az ő helyét megöröklő későbbi riválisáról van szó, aki June Christie művésznéven szerepelt: „[p]ersze ő nem úgy emlékszik, ahogy én. [...] De még egyszer, mivel ez az én könyvem, te azt kapod, amire én emlékezem, ahogy történt. Amíg June megírja a könyvét, addig ezzel kell beérned, tetszik vagy nem"[115] (139). Ugyanezt a gesztust egy másik kortársa és az életrajz egyik szereplője, a táncmaratonok egyik résztvevője felé is megteszi (40).

---

[112] Lásd: „[van] valami olyan komponense a létezésnek, a személyes létezésnek, amely *heterogén* a kognitív, tudatos létünkhöz képest, ami végtelen, időtlen, megragadhatatlan (megnevezhetetlen), ami azonban mindig is ott rejtőzik, folyton jelez, torzít, megbolondít, egyszóval: valami, ami van, de metaforizálhatatlan. Ez az oka annak, hogy miközben minden szöveg önéletrajz, voltaképpen egyik sem az..." (Bókay 22).
[113] „When I look back, she seems to me..."
[114] „The irony is that even today it's difficult for me to talk about my deepest feelings."
[115] „Of course June doesn't remember it happening my way. [...] But, once again, since this is my book, you're getting my recollections og how it happened. Until June writes her book, you're stuck with them, like them or not."

A SZUBJEKTUM SZÍNEVÁLTOZÁSAI

Az önreflexió olyan esetéhez érkeztünk el most, amely – úgy tudom – párját ritkítja ebben a műfajban. Az alanyi elbeszélő a társszerzőre reflektál, az elbeszélés két kitüntetett pontján is. Először akkor, amikor a *Vaya Con Dios*-ról, O'Day egyik legnagyobb lemezsikerének történetéről van szó: az alanyi elbeszélő sokáig rosszul tudta, hogy kinek a szerzeményét vitte sikerre, azt hitte, együttesének egyik tagja társkomponista volt, de ez nem igaz, a lemeztársaság is tévedett (184). A helyesbítést a társszerző végezte el: „[e]z a történet a társszerzőmnek [eredetiben: *collaborator*] is tetszett. De elkezdett utánanézni, és megtudta a [szerzői jogvédő] ASCAP-tól, hogy a szerző […]"[116] (185). Az alanyi elbeszélő tehát egy adott történet kapcsán eltávolította magától a társszerzőt. Itt érdekes módon nem az úgynevezett szubjektív emlékezet tévesztéseitől kívánja megóvni magát mint elbeszélőt és az olvasót, ugyanis pontosan emlékszik az esetre. Így viszont arra is emlékszik, hogy a szerzőséget akkoriban rosszul tudta. Ennek az akkori tudásnak a helyreigazítására vállalkozott utólag, évtizedekkel később a társszerző. A tét egyébként nem kicsi: kolosszális, máig gyakran előadott világsláger szerzői jogdíjáról van szó, és arról, hogy O'Day akkori élettársa ebből részesülhet-e vagy sem. A két fentebb hivatkozott alanyi elbeszélői gesztus, amely a saját szubjektív emlékeit kontrasztba állítja az adott epizód szereplőjének visszaemlékezésével, ugyancsak összefügghetnek azzal, hogy az alanyi elbeszélő a könyv szövegében kívánt reagálni alapos társszerzőjére, akiről tudható, hogy szinte minden élő szemtanút és kortársat, aki előkerült az életinterjú során, felkeresett. A két hely (40, 139) úgy is olvasható, hogy a szorgalmas társszerző ugyan begyűjtötte az érintett kortárs emlékeit is, de azt ezekben a részekben az alanyi elbeszélő határozottan ki akarta zárni az elbeszélésből, tehát felülbírálta társszerzőjét.

Egy kiemelten fontos helyen, az utolsó fejezet vége felé ennél is jobban belelátunk az alanyi elbeszélő és a társszerző kapcsolatába. Amikor már a végéhez közeledett a *High Times, Hard Times* megjelentetése, O'Day többek között a *60 minutes* című tévéműsor riporterének is nyilatkozott: „[a] társszerzőm sokat nyöszörgött és idegeskedett, hogy kifecsegem az egész sztorit. De amikor [a tévés műsorvezető] Harry rátért a kábszerrel folytatott küzdelmemre, elszámoltam kettőig, mosolyogtam, megrándítottam a vállamat és ezt elengedtem a fülem mellett. Ezt olyan jól csináltam, hogy még a társszerzőm is örült, amikor a tévé sugározta 1980. június 22-én"[117] (297).

A társszerzős önéletrajzokat Albert Stone – Malcolm X és más szerzők

---

[116] „My collaborator liked the story too. But he began checking and learned from ASCAP that the song was written by…"

[117] „My collaborator moaned a lot and worried I'd give away the whole story. But whenever Harry turned the subjct to my bout with drugs, I'd give him a two-count, smile, shrug and dismiss it. I did that so well even my collabrotar was pleased when the show aired on June 22., 1980."

önéletrajzi könyveit elemezve – kollaboratív önéletrajznak nevezi (231-32), és Lejeune nyomán megjegyzi, hogy az utószó, fülszöveg és egyéb paratextusok alól felfejthető, szétszálazható a kollaboratív önéletrajz szövete. Ha eltekintünk O'Day könyvének a tartalomjegyzékétől, a név- és tárgymutatótól, akkor még mindig találunk több mint hatvanoldalnyi olvasnivalót: egy előszót és egy függeléket, a könyv elején pedig egy köszönetnyilvánítást és egy ajánlást. Az ölebnek szóló dedikálás csak az alanyi szerzőé, a köszönetnyilvánítás az emlékezésben, amely a múltidézésben közreműködő embereket sorolja fel, viszont közös a társszerzővel. Külső szerző készítette viszont a hatvan oldalas diszkográfiát. Az összes, nem narratív szöveg egy irányba igyekszik, vagyis hogy az objektív valósághoz dobott hajókötélként rögzítse az önéletrajzi igazság hajóját. Az életrajz műfaja felé törekvés több példája közül a legérdekesebb a függelék első darabja, amely a kórházi zárójelentést tartalmazza az eszméletlenül beszállított Anita O'Day kezeléséről. A klinikai halál diagnózisa ebben a zárójelentésben nem fordul elő, és ennek okát az elbeszélő is csak találgatni tudja, de a dokumentum szerepe a narráció egészét tekintve így is nyilvánvaló: a *High Times* a túlélés narratívája. Mivel a kábítószerfogyasztás során O'Day törvénybe ütköző dolgokat követett el, ezért az eszméletvesztés kiváltó okáról, a túladagolásról semmi konkrétum nincs a zárójelentésben, az orvosok az önéletrajz szerint ugyanis kétkedve, de elfogadták az O'Day-hez mentőt hívó, őt kábítószerrel ellátó barátnője zavaros meséjét a rosszullét okáról. Tehát az elbeszélő mellékeli a pontatlan diagnózist a tudomány világából származó megfellebbezhetetlen bizonyítékként saját elbeszélése hitelességének emelésére, miközben sem a kábítószer túladagolásról, sem az újraélesztésről nem történik benne említés. De az elbeszélő beavatta az olvasót a titkaiba, amelyek az orvostudomány elől is rejtve maradtak, és amelyek egyébként a tanúk és a páciens manipulációinak következtében nem kaphattak tudományos megerősítést, ez pedig növeli az elbeszélői hitelességét.

A második kiadáshoz készült epilógusból kiderül az is, hogy az a médiafigyelem, amelyet a kábítószerfüggő múltjával kapcsolatos vallomásnak tulajdoníthatóan a könyv és alanyi szerzője kapott a megjelenés idején és közvetlenül előtte, visszafogottságra késztette az alanyi elbeszélőt (298). De a visszavonulás, megfutamodás közjátéka után képes bevégezni a performatív aktust: „[k]ezdtem azt látni, az összes szennyesem kiaggatása a nyilvánosság elé talán mégis megtisztít engem és szabadabbá tesz"[118] (298). A kör bezárul: az epilógusban az önéletrajz alanyi szerzője levonja azt a következtetést, amelyhez az önéletírás célja szerint az olvasónak is el kell

---

[118] „I began to think that maybe the washing of all my dirty linen public had served to cleanse me and make feel freer."

jutnia. Ezt a tükör- és a maszkmetaforákkal dolgozó elméletek alapján is így kell értelmeznünk.

Erre vonatkozóan leginkább Smith és Watson műfajértelmezését érzem relevánsnak: az önéletrajz önreprezentációs gyakorlat, melynek elemei „meghatározott időben és térben dialógusba lépnek az emlékezet személyes folyamataival és képeivel"[119] (14). Olyan helyek támasztják alá érvelésemet, mint például az elbeszélő többször is megjegyzése arról, hogy fiatalkori alkoholizálásának fő oka a felejteni akarás volt (pl. 185). A kiinduló tételemhez, miszerint csak aki elvesztette a képességét, hogy narratívát konstruáljon, vesztette el az énjét, azzal szeretnék tehát kapcsolódni, hogy az önéletrajzi narratíva megalkotása, majd nem kevésbé problémás közreadása a szubjektum túlélési gesztusaként, jelentős performatív beszédaktusként értelmezhető. O'Day akkor élte újra és adta közre önéletrajzát, amikor legyűrte a saját szóhasználata szerint a „Bad Anita-t" és a „Good Anita" kerekedett felül (178).[120]

Következtetések

A *High Times, Hard Times* mélyreható elemzéséhez Lejeune-től Lacanig több elméleti modell is jelentősen közelebb visz. Eakin és Smith-Watson fogalmi kereteinél maradva az Anita O'Day-önéletrajzot az alanyi szerző akaratlagos túlélésének performatív gesztusának látom, melyet egyidejűleg az énrétegeknek megfelelően a túlélés több dimenziójára is érvényesít. A mű legfontosabb célja az alanyi szerző azon törekvésében ragadható meg, hogy énekes stilisztaként ismerjék el. Ezt a célt lényegében teljesíteni is tudta, a vállalkozás sikeresnek nevezhető a befogadás felől értékelve, ugyanis mind az általános olvasóközönség, mind a jazz világában magukat bennfentesként tételező olvasók nagy része jól fogadta a kötetet. Ezzel a szerző növelhette fellépéseinek és felvételeinek közönségét, miközben az is alátámasztható feltételezés, hogy az alanyi elbeszélő eleve előadásainak közönségét tételezte olvasóközönségként. O'Day önreflexív gesztusokat tudott tenni mind a pódiumon pályája során, mind önéletrajzi könyvében egyebek között azért,

---

[119] „Located in specific times and places, they are at the same time in dilaogue with the personal processes and archives of memory."
[120] A kiváló kritikus és szakíró, David Hajdu cáfolja az alanyi elbeszélő személyisége jó és rossz oldalának megkülönböztetése alapján álló gondolatmenetet. Hajdu figyelemre méltó nekrológot írt O'Day-ről, tehát nem az 1981-es életrajzot elemezte, hanem 2006-ban mérlegelte alaposan az előadói életművet. Úgy gondolja, hogy szerhasználat nélkül Anita O'Day nem az lett volna, aki. Ezt arra alapozza, hogy egy koncert előtti interjú legelején O'Day az öltözőben, részegen, kérdés nélkül kitérve állapotának magyarázatára Hajdunak: „[s]egít, hogy szvinges legyek". Hajdu egy életveszélyes, az önéletrajz publikálása után bekövetkezett balesetre és az azt követő hosszú kórházi kezelésre, valamint a makacs időskori alkoholizálásra is hivatkozik következtetéseihez. Szerinte a szerhasználat és O'Day előadói vakmerősége csak együtt értelmezhetőek, nem választhatóak el.

mert Másikként érkezett egyrészt a férfi zenekarok élére, másrészt fehérként az afro-amerikai műfaj előadói közé, harmadrészt pedig énekesként hangszeresektől tanult a legtöbbet. A tükörkép, amelyet a *High Times* szerzői közreadtak, hiteles és koherens, magas színvonalon szerkesztett szöveg, jelentős darabja az egész amerikai önéletrajzi irodalomnak, nem csak a jazz-, show business- vagy a női önéletrajzi kötetek sorának.

Hivatkozott irodalom

Blanchard, Marc Eli. „The Critique Of Autobiography". *Comparative Literature* 2 (1982): 97-115.
Bókay Antal. „Önéletrajz és szelf-fogalom a dekonstrukció és pszichoanalízis határán". In: *Írott és olvasott identitás. Az önéletrajzi műfajok kontextusai.* Szerk. Mekis D. János és Z. Varga Zoltán. Budapest: L'Harmattan / PTE, 2008. 33-65.
Butler, Judith. „Performative Acts and Gender Constitution: An Essay in Phenomenology and Feminist Theory". *Theatre Journal* 4 (1988): 519-531.
Cavolina, Robbie és Ian McCrudden (rend.). *Anita O'Day: The Life of A Jazz Singer.* Dokumentumfilm. USA 90', 2007.
De Man, Paul. „Az önéletrajz mint arcrongálás". Ford. Fogarasi György. *Pompeji* 2-3 (1997): 93-107.
De Quincey, Thomas. *Egy angol ópiumevő vallomásai.* Ford. Tandori Dezső. Budapest: Európa Könyvkiadó, 1983. Web: http://mek.oszk.hu/00400/00470/00470.htm. 2016. október 6.
Eakin, Stanley. *Fictions in Autobiography – Studies in the Art of Self-invention.* Princeton: Princeton UP, 1985.
Eakin, Stanley. *Touching the World. Reference in Autobiography.* Princeton: Princeton UP, 1992.
Eakin, Stanley. *How our Lives Become Stories.* Ithaca: Cornell UP, 1999.
Feather, Leonard. *The Encyclopedia of Jazz.* New York: Horizon, 1960.
Harlos, Christopher. „Jazz Autobiography: Theory, Practice, Politics". In: *Representing Jazz.* Szerk. Krin Gabbard. Durham: Duke UP, 1995. 131-166.
Lacan, Jacques: „A tükör-stádium mint az én funkciójának kialakítója". Ford. Erdélyi Ildikó és Füzesséry Éva. *Thalassa* 2 (1993): 5-11.
Lejeune, Philippe. *Önéletírás, élettörténet, napló – Válogatás Philippe Lejeune írásaiból.* Szerk. Z. Varga Zoltán. Budapest: L'Harmattan, 2003.
MacAdams, Lewis. *Birth of the Cool. Beat, Bebop and the American Avant-garde.* New York: The Free Press, 2001.
Mackenzie, Catriona. „Personal Identity, Narrative Integration and Embodiment". In: *Embodiment and Agency.* Szerk. Sue Campbell, Letitia Meynell és Susan Sherwin. Pennyslvania: Penn State UP, 2009. 100-125.

O'Day, Anita és George Eells. *High Times, Hard Times. With A New Epilogue. With An Updated Discography Compiled By Robert A. Sixsmith and Alan Eichler.* New York: Limelight Editions, 1989.

Pallai Péter. „Respectability and All that Jazz". *Americana E-Journal* X, Special Issue on Jazz. http://americanaejournal.hu/vol10jazz/pallai 2016. október 6.

Smith, Sidonie és Julie Watson. *Reading Autobiography: A Guide For Interpreting Life Narratives.* Minneapolis: U of Minnesota P, 2001.

Stein, Daniel. „The Performance of Jazz Autobiography". *Genre* (2004 nyár): 173-200.

Stone, Albert E. *Autobiographical Occasions and Original Acts: Versions of American Identity From Henry Adams to Nate Shaw.* Philadelphia: U of Pennsylvania P, 1982.

Taipale, Joanna. *Phenomenology and Embodiment: Husserl and the Constitution of subjectivity.* Evanston: Northwestern University Press, 2014.

Zipernovszky Kornél. „»I've raked up my past so I can bury it«. Body and Self in Two Female Autobiographies". In: *Turning the Page – Gendered Identities in Contemporary Literary and Visual Cultures.* Szerk. Gyuris Kata és Szép Eszter. ELTE Papers in English Studies. Előkészületben.

Báder Petra

A SZERZŐ TESTE: MARIO BELLATIN A PERFORMANSZ ÉS AZ ÖNFIKCIÓ HATÁRÁN

Mario Bellatin (1960, Mexikóváros) a szó szoros értelmében furcsa szerző: nemcsak művei, irodalmon kívüli tevékenységei, hanem fizikai megjelenése is egyedivé teszi a mexikói – és meg merem kockáztatni, hogy a spanyol-amerikai – irodalmi scéna berkein belül. Írásművészetének gyakori motívuma a testi anomáliák ábrázolása, leginkább valamelyik testrész hiánya vagy éppen túlzó, hiperbolikus jelenléte. Ez a téma önéletrajzi elemként is értelmezhető, hiszen a szerző egy, a terhesség alatt szedett gyógyszer mellékhatása következtében jobb alkar nélkül született.

Ebben a rövid tanulmányban a tekintet által tárgyiasult szubjektum kettősségének vizsgálatát tűzöm ki célul, amelyet az önfikció keretein belül és azt meghaladva, a szerző performanszaként fogok értelmezni. Az elemzés tárgya Bellatin 2007-es regénye, az *El Gran Vidrio* (A Nagy Üveg), melynek alcíme három önéletrajzot ígér az olvasónak. Ezzel a gesztussal és az önéletrajznak ellentmondó, nyilvánvalóan megbízhatatlan elbeszélők használatával, a szerző mindjárt felrúgja a lejeune-i önéletírói paktumot, így nyilvánvalóvá teszi, hogy a valóság(osság) kérdése nem fog központi szerepet játszani az olvasás során.[121]

Bellatin perui szülők gyermeke, mégis mexikói szerzőnek vallja magát, és ezzel rögtön leleplezi írásának alapvető motívumát, a vándorló (Sáenz), „nomád" (Pitois-Pallares) vagy utazó szubjektumot (Laddaga). A vándorlás azonban nemcsak földrajzi síkon értelmezhető, hanem vallási és nemi kontextusba is helyezhető: Bellatin áttért a szúfi hitre, és előszeretettel bújik női elbeszélők álarca mögé. Az *El Gran Vidrio* utolsó oldalain vall a „sehova nem tartozás" felszabadító érzéséről: „[m]ost boldog vagyok. Érzelmi, családi, nemzetiségi, önazonossági terhek nélkül. Azt hiszem, ilyen állapotban tudok a legjobban dolgozni. Most már nem kell attól tartanom,

---

[121] Bellatin szóban forgó regényéről a *Filológiai Közlöny* 2016/1-es számában már közöltem egy tanulmányt; ebben Duchamp azonos című művével hasonlítottam össze, Octavio Paz *Meztelen jelenés: Marcel Duchamp* (Helikon, 1990) című esszéjének segítségével. A következőkben jelölés nélkül használom majd fel néhány korábbi megállapításomat.

hogy testi furcsaságomat akár mezítelenül is mutogathatják, mint egy népszerű piaci látványosságot".[122]

Élete és műve egyre inkább összemosódni látszanak írásaiban, főleg a 2005-ben megjelent *Underwood portátil: modelo 1915* (Hordozható Underwood: 1915-ös modell) című önfikciós kisregényében, melyben párhuzamosan vall élete haladásáról és írása fejlődéséről: a narráció tehát folyton önmagába fordul vissza, állandóan önmagára utal. Az írás folyamatára irányuló figyelmet a meta-diskurzus és az auto-intertextualitás teszi egyértelművé, míg csak arra a következtetésre nem jut, hogy „minden könyv egy és ugyanaz".[123] Úgy tűnik, a kritika egyetért a szerző kijelentésével: Véronique Pitois-Pallares (2011) szerint a bellatini auto-intertextualitás célja a saját könyveit elválasztó határ elmosása; Diana Palaversich („Prólogo") értelmezése szerint Bellatin ugyanazt a művet írja újra és újra; Vittoria Martinetto (2012) is arra a következtetésre jut, hogy szerzőnk egy és ugyanazon könyvön dolgozik. Erről a szinte öngeneráló folyamatról a következőképpen nyilatkozik Bellatin egy vele készített interjúban: „mindegyik könyv egy és ugyanaz, egyetlen írás, amely különböző formát ölt, rövid kötetekre bomlik, de ugyanaz marad".[124] Francisco José López Alfonso nemrég kiadott, a szerzőről szóló monográfiájában találóan fogalmaz: „minden szöveg egy ing, amelybe belebújik a szerző, ugyanakkor az a fonal, amely egy és ugyanazt a művet szövi, egy folyton változó, nagy könyvet".[125]

Mario Bellatint különböző nézőpontok alapján értelmezi a vele foglalkozó kritika, leggyakrabban a foucault-i biopolitika keretein belül interpretálják regényeit. A narratív struktúrával viszonylag kevesen foglalkoznak, közülük Vittoria Martinetto megközelítése a legmeggyőzőbb, aki a palimpszeszthez hasonlítja a szerző œuvre-ját: „éppen a megannyi fiktív vagy ellentmondásosan igaz önéletrajzi történet- és anekdotaréteg mögött bujkáló szerző az, aki azt szeretné, hogy egymás függvényében olvassuk szövegeit".[126] „A *bricolage* perverz formáját"[127] látjuk kiteljesedni az *El Gran Vidrio* felépítésében: a duchampi *assemblage*-ra emlékeztetve az

---

[122] „Estoy ahora feliz. Sin pesos emocionales, de familia, de nación, de identidad. Creo que es el mejor estado para ejercer mi trabajo. Sin preocuparme ya de que la rareza de mi cuerpo pueda ser exhibida incluso desnuda, como una atracción popular" (161-162). A spanyol nyelvű szövegrészleteket saját fordításomban közlöm.
[123] „Todos los libros son lo mismo" (*Obra reunida* 492).
[124] „Todos los libros son un solo libro, una misma escritura que toma diferentes caras pero que se fragmenta en estos pequeños volúmenes" (Sáenz 112).
[125] „Cada texto es como la camisa que muda el autor, pero también el hilo que teje de una misma y única obra, un gran libro en constante proceso" (16).
[126] „El autor, escondido detrás de capas de historias y anécdotas autobiográficas ficticias o ambiguamente verdaderas, es el primero en invitar a una lectura de sus textos uno en función del otro" (20).
[127] „Forma perversa de bricolaje" (Martinetto 20).

intermedialitás apró játékait alkalmazza, melyeket nemcsak nyomtatásban megjelent műveiben, hanem úgynevezett „írás-eseményeiben", azaz minden olyan „cselekedetében" megfigyelhető, „melynek létrehozása során mellőzi az írás hagyományos elemeit, mint például a szavakat".[128] Irodalmon kívüli tevékenysége egyértelműen konceptualista színezetet kap, emiatt a kritika általánosabb értelemben vett művészként is jellemezte már, ám ő tiltakozásában – „Nem vagyok *performer*. Nem vagyok művész. Író vagyok"[129] – is jelzi az irodalom határainak szétfeszítésére vonatkozó törekvését.

Ennek ellenére nem véletlenül merül fel a performansz és a *happening*, ha Bellatin életművéről beszélünk, hiszen célja egyértelműen az, hogy merőben új viszonyt alakítson ki olvasójával. Reinaldo Laddaga (2007) szerint nem is könyveket ír, hanem előadásokat komponál; erről tanúskodik *Los cien mil libros de Mario Bellatin* (Mario Bellatin százezer könyve) elnevezésű projektje is, melynek keretein belül az olvasó gyakorlatilag magával a szerzővel alkudozhat egy-egy kötet árán. Mexikóvárosban az *Escuela Dinámica de Escritores* íróiskolát vezette, melynek egyetlen mottója és szabálya az írás tilalma volt. 2003-ban szervezett egy botrányos végkimenetelű író-olvasó találkozót, amelyre a párizsi Mexikói Intézetbe meghívott négy mexikói szerző (Margo Glantz, Salvador Elizondo, José Agustín és Sergio Pitol) helyett azok előre betanított alteregói érkeztek, mert Bellatint furdalta a kíváncsiság: vajon meddig tolható ki az a határ, amíg a szerző jelenléte nélkül is léteznek az általa írt szövegek?

Később a *La Nación* argentin folyóiratban Kavabata Januszari tiszteletére egy olyan esszét publikált, amelyhez valójában a saját műveiről szóló kritikák egy-egy mondatát, bekezdését ollózta össze. Erre már utal az *Underwood portátil*-ban is, amikor azt ígéri, hogy létre fog hozni egy hosszú művet, „amelyben különös jelenléte lesz azoknak a szavaknak, amelyeket az én szövegeimről írtak".[130] 2012-ben egy úgynevezett „opera-mozit" mutat be, amelyről mostanáig nemigen foglalkozott a kritika: ez a *Bola negra* (Fekete gömb) című regényéből készített film-átirat, melynek megzenésítéséért Marcela Rodríguez mexikói zeneszerző volt a felelős. Egy másik, filmművészethez közelítő projektje valójában egy róla készült argentin-mexikói dokumentumfilm (*Invernadero*; Üvegház) 2010-ből, amelyben hosszasan fejtegeti, milyen viszonyban áll saját műveivel. A 2016 szeptemberében megrendezett, a testi jelenlét témájára épülő Buenos Aires-i Nemzetközi Irodalmi Fesztiválon egy sor kíváncsi tekintet várta a „Mario

---

[128] „Todos aquellos actos que consisten en escribir sin utilizar los métodos clásicos de escritura como por ejemplo las palabras" (Sáenz és Singler 50).
[129] „No soy performancero. No soy artista. Soy escritor" (Sáenz 119).
[130] „Hacer una obra extensa en la que tendrá una presencia especial la cantidad de palabras que se han escrito sobre mis textos" (*Obra reunida* 506).

Bellatin en primera persona" (Mario Bellatin első személyben) című személyes interjút, melyen a szerző helyett egy álruhába bújt argentin író jelent meg, jobb kezét bő pulóverébe dugta, és telefonjáról olvasta fel a feltehetőleg Bellatin által írt válaszokat.

Még hosszan sorolhatnánk Bellatin irodalmon kívüli tevékenységeit, de talán érdemesebb eltűnődni a már említett „írás-események" köré szövődő eklektikán: az „esemény" elnevezés egyrészt kiszakítja az irodalmat a könyv közegéből, a többes szám pedig a szerzői performansz visszatérő jellegére hívja fel figyelmünket. Ebben az írói eklektikában nemcsak a különböző irodalmi műfajok, hanem eltérő művészetek is megférnek egymás mellett. Az *El Gran Vidrió*ban három önéletrajzot is olvashatunk: az alcím ellentmondásosságát tükrözi az is, hogy a hármas felosztást nem életszakaszok jelölik, hanem egy-egy újabb cím: mintha három különböző elbeszélő önéletrajzából épülne fel a mű. Az önéletrajzi jelenetekkel és motívumokkal dúsított fiktív szerzői önéletírás emellett Duchamp kulcsfontosságú művének címét veszi át, és ezzel nemcsak önmagát állítja a tükör elé, nemcsak önmagát szemléli saját szövegében, hanem az olvasó – mint szemlélő – aktív részvételét is kódolja. A fénytörések és tükröződések játéka tehát az önéletrajzi szubjektum egységének megtörését eredményezi: az önfikció egyszerre hangsúlyozza és ássa alá az önéletírás jellemzőit, szakadékot nyit a szándékolt és a mondott én között: a három önéletrajzi elbeszélő az *assemblage* rétegeiként halmozódik egymásra.

Az első önéletrajz elbeszélője egy kisfiú, akit édesanyja ajándéktárgyakért cserébe tesz közszemlére egy nyilvános fürdőben. A második szakasz narrátora egy író, aki szúfi kerengés közben látott álmát tárja elénk, melyet eladott a *Playboy* magazinnak. Az utolsó, harmadik életrajz egy kislány elbeszélése, aki a szerző, Mario Bellatin nevét viseli. A szubjektum hármas tagolása, fragmentációja, az elbeszélés módjában is tükröződik: a kisfiú nem tud, vagy nem akar beszámolni saját élettörténetéről, olykor nem emlékszik eddigi élete kulcsfontosságú eseményeire:

196. Vajon lakik még rajtam kívül valaki a Speciális Iskolában?
197. Úgy sejtem, igen.
198. Biztos, hogy tudom, hiszen többször is azt mondtam, hogy igen.
199. Mindig is azt meséltem, hogy vannak ide zárt sorstársaim.
200. Persze azt sok más dologról, talán éppen a legfontosabbakról nem tudom, hogy igazak-e, és nemcsak a társaimról, hanem leginkább a magánéletemről.
201. Nem tudom, például, hogy hány testvérem volt.
202. És édesapám arcát is elfelejtettem már.[131]

---

[131] „196. ¿Habrá más gente internada en la Escuela Especial? / 197. Sospecho que sí. / 198. Pero creo que no lo desconozco, pues incluso lo he afirmado más de una vez. / 199. He dicho siempre que cuento con compañeros de reclusión. / 200. No tengo seguridad, eso sí,

A SZERZŐ TESTE
MARIO BELLATIN A PERFORMANSZ ÉS AZ ÖNFIKCIÓ HATÁRÁN

A második szakasz elbeszélője legkevésbé sem élettörténetéről szól: narrációja álmát járja körül. A harmadik hang, a kislány szándékosan önellentmondásba, hazugságokba keveredik: „[s]zerintem egy kicsit hazudós vagyok. Ahogy már mondtam: nem igaz, hogy német lánnyal jártam, és még sohasem gondolkoztam el azon, hogy kocsit vegyek. [...] Az sem igaz, hogy mindig bírói végzés miatt lakoltattak ki minket".[132] Egyes szövegelemek is utalnak a *camuflage*-ra, például az álruhába bújás, a név és a nem gyakori változtatása; végeredményképpen elmosódni látszik a többszörös fiktív identitás mögé bújó implicit szerzői szubjektum.

A bellatini önéletírói szubjektum kettős tulajdonsággal bír: az elbeszélés szubjektuma, de a tekintet objektuma, tárgya lesz. Ez a motívum akár a traumatikus olvasatnak is helyt adhat, hiszen a testi rendellenességei miatt a Másik tekintetének folyamatosan kiszolgáltatott, ezáltal megalázott szerző gyermekkorának transzpozíciójaként is értelmezhetjük. Maurice Merleau-Ponty 1945-ben megjelent kulcsfontosságú művének, *Az észlelés fenomenológiájá*nak tételei alapján, az észlelésben részt vevő szubjektum szükségszerűen megkettőződik, amennyiben önmaga is az észlelés tárgyává válik: a Másik tekintete alapvetően tárgyiasítja az egyént, még akkor is, ha tisztában vagyunk annak emberi mivoltával, szubjektivitásával. Bellatin regényében nemcsak a Másik észlelése, hanem annak szemrevételezése is tematizálódik.

Az első önéletrajzi elbeszélő édesanyja különleges fürdőnadrágot készít számára, amellyel még inkább hangsúlyozza – mintegy hiperbolizálja – nemi szervét: felhívja a figyelmet a gyermek testi rendellenességére, odavonzza a Másik tekintetét. Ezzel a gyermek identitása is megsérül: a tárgy szintjére süllyed, és csak az elbeszélés énjeként léphet újra a szubjektum szintjére. A második elbeszélő az álom narrációja által hangsúlyozza a szemlélés motívumát, amelyben – többek között – önmagát, önnön identitását is nyomon követi, így felruházza az álmot a duchamp-i tükör jellemzőivel. A harmadik narratív entitás teljes mértékben ki van szolgáltatva a Másik tekintetének: a narrátor édesapja bonyolult kötélrendszert épít a házban, a kislánynak pedig erre csatlakozva kell táncolnia, hogy elkerüljék a kilakoltatást. A három önéletrajzi elbeszélő – a korporális narratológia tükrében, a szerző önéletrajzi szubjektumának részegói (vö. Földes) – tehát

---

de que sean ciertas muchas otras cosas, aparetemente más importantes, no sólo de mis compañeros actuales sino especialmente de mi vida privada. / 201. No sé, por ejemplo, el número de hermanos que he tenido. / 202. He olvidado asimismo el rostro de mi padre" (45).
[132] „Creo que soy algo mentirosa. Repito que no es cierto que haya tenido una novia alemana y nunca, además, he pensado en la posibilidad de comprar un auto. [...] Tampoco es cierto que todas las veces nos echaran de las casas por medio de órdenes judiciales" (135).

identitásukat vesztett objektumok, megfigyelt tárgyak, melyek csakis a narráció által léphetnek elő mégis szubjektummá.

Az első önéletrajzi szakasz alapos vizsgálata során arra a következtetésre jutottunk, hogy a gyermek testi rendellenességének legfőbb következménye az egységes testkép megtörése. A testi fragmentáció Bellatin kedvelt témája: számos regényében megjelenik valamely testrész hiánya, hiperbolikus jelenléte vagy éppen protézissel való pótlása. Az *El Gran Vidrio* első önéletrajza az eltúlzott testi jelenlét esete, méghozzá egy igen érzékeny pontot érinti: egy gyermek nemi szervét. A testkép megtörése a szöveg széttöredezését is maga után vonja, amely a szövegképben is tükröződik: a szóban forgó részlet 360 számozott sorból áll, amely a kör 360 fokára utal. Ezt a szakasz címe is alátámasztja: *Csillogó bőröm... a szent szúfi sírja körül (Mi piel, luminosa... en los alrededores de la tumba del santo sufi)*. A kerengő szúfi is önéletrajzi motívum, hiszen Bellatin áttért az iszlám hitre, bár inkább életfilozófiaként tekint rá. A kör megtétele az egész, az egység jelenlétére utalhat, ám az önéletrajz itt nem érhet véget: az elbeszélést átveszi egy következő részegő. A szöveg fragmentációja a szerző regényeinek visszatérő jellemzője: üres vagy éppen számozott sorok, kis rajzocskák, piktogramok, illetve képek jelenléte töredezi fel a szöveget. A fragmentáció emellett a narratív szerkezet szétbontásában, elemekre történő szétszedésében is fellelhető: az olvasó ritkán találkozhat kronologikus sorrendben elbeszélt, logikusan felépített, egyetlen szálon futó történetekkel: az eddigi életmű minimalista stílusa ellenére az olvasó szerkezetileg igen bonyolult szövegekből csemegézhet.

Az *El Gran Vidrio* tükörjellege kettős képbe rendezi az önmaga által észlelt szubjektumot: az elbeszélő így nemcsak a regényben megjelent Másik, hanem önmaga számára is tárgyiasul. Jorge Glusberg amerikai művészettörténész „Bevezetés a testnyelvekhez" című, a hatvanas években megjelenő performansz-művészet(ek)ről írt tanulmányának fő tétele szerint a performansz és a body art egyenlőségjelet tesz a művész teste és a mű között: a test a mű hordozófelületévé válik. A bellatini önéletrajz az írásos performansz esete lehet, melyben a szerzői szubjektum új viszonyt alakít ki saját testével. Glusberg egy olyan testnyelvről beszél, amely a művész mozdulatait tételezi kommunikációs eszközként: a performansz során a mozdulat nem más, mint nyelvi jel, így a test szemiotikai eszköz. A testnyelv olyan diskurzus, melyben retorikai alakzatokat is felfedezhetünk, sőt, a test átalakítása, más kontextusba helyezése vagy szimbolikus, rituális felhasználása testi allegóriákként is működhetnek. A performansz tehát elhatárolódik a színházi testnyelv fortélyaitól, hogy egyszerű „testvalóságokat" teremtsen: a test ismeretlen tárgy, melyet maga a művész fog feltérképezni.

Ez a feltérképezés lényegi jellemzője Mario Bellatin regényeinek: az önéletrajzi elemek tematikus megjelenítése általában a test köré szerveződik, gyakran az elbeszélői szubjektum, de legalább egy általa szemlélt szereplő rendelkezik testi rendellenességgel. Természetesen nem a *body art* mozdulataival állunk szemben, hanem egy olyan narratív diskurzussal, melynek gerincét a szerző testképe és saját testtapasztalata alkotja, így a performansz elmélete inkább értelmezési kulcsot ad, semmint szó szerint értendő instrukciókat. Amennyiben Bellatin saját testképét írja újra műveiben, a test fikcionalizálásával, újabb és újabb kontextusba való helyezésével állunk szemben.

Az *El Gran Vidrió*t viszont nem egysíkú, hanem háromosztatú önfikcióként értelmezhetjük: önreferens, önmagára reflektáló próza, mely emellett az írás folyamatára is fókuszál. Eseményjellegét kísérletisége, konceptuális mivolta is alátámasztja: a három önéletrajz, a megbízhatatlan elbeszélők használata, a hazugság tematizálása és a visszatérő motívumok befejezetlenséget, lezáratlanságot sugallnak. „Meggyőződésem, hogy egy új művészeti önkifejezés fog jelentkezni",[133] vallja Mario Bellatin egy vele készült interjúban. Ez természetesen a nézővel/olvasóval kialakított viszony újraértelmezésének is helyt ad: a látszólag narcisztikus írás szubjektum és tárgy közti viszonyát tehát a voyeurista narratíva váltja fel. Craig Epplin a következőképpen definiálja a szerző *ars poeticá*ját, melybe nemcsak regényeit, hanem íráseseményeit is beleérti:

> Olyan projektek ezek, melyek egy interaktív, jól átgondolt, ugyanakkor improvizációs színpadra vonják be a résztvevőket, egy olyan színpadra, mely szereplők széles skálájára terjeszti ki a szerzőség fogalmát és a felelősséget, egy olyan színpadra, amely új közönségmodellt képzel el és alakít ki, mely merőben különbözik a könyvalapú irodalmi kultúrában megszokott közönségtől.[134]

A test narratív ábrázolásával való kísérletezést is értelmezhetjük az írásesemények keretein belül, hiszen egy-egy testi anomália „megbámulásának" részletezése a szemlélői perspektívát aktivizálja, melyet az olvasói nézőpont metaforájaként is felfoghatunk. Sőt, ez a szövegtestre is kiterjedő kísérletezés performatív gesztusként is felfogható, így az írásesemény cselekedetté lép elő. A korpotextussal végzett kísérletek, egy-egy fragmentumból kiinduló és azokból felépített regények, a különböző irodalmi műfajok határainak összemosása, az intertextualitás és az

---

[133] „Estoy convencido de que surja una nueva forma de expresarse artísticamente" (Neyra 216).
[134] „Son proyectos que implican a sus participantes en escenarios interactivos, estructurados y a la vez improvisados, escenarios que difunden la autoría y la responsabilidad entre una amplia gama de actores, escenarios que imaginan y forjan modelos de públicos de dimensiones distintas de las que asociamos con una cultura literaria centrada en el libro" (118).

intermedialitás kompozíciós elvként való felhasználása által a cselekmény háttérbe szorul. A szerkezet előtérbe helyezése pedig erős önreflexív és meta-jelleget kölcsönöz Bellatin írásainak.

Az *El Gran Vidrio*ban sem az a fontos, hogy mi valóság és fikció az önéletrajznak kikiáltott szövegben; ez csak ürügy ahhoz, hogy szerzőnk minél szélesebb skálán tudjon kísérletezni az önéletrajzi szubjektum fogalmával, és éppen ez a motívum járul hozzá – a regény esetében – az olvasóval való új viszony kialakításához. Reinaldo Laddaga (2007) értelmezése szerint az olvasó nem az értelmező, hanem csupán a látogató retorikáját öltheti magára, így Bellatin művei egyfajta átjáróként, archívumként vagy adatbázisokként funkcionálnak. A szerző részegói, úgymint szövegei, csupán testet öltött verbális tákolmányok.

Az egységes szubjektum megkérdőjelezésének első alappillére a testi reprezentáció, mely – mint láttuk – az egységes testkép megtörését, felforgatását eredményezi. Értelmezésünk szerint a második előfeltétel a szemlélt szubjektum tekintet általi tárgyiasítása lesz. És ha a testi fragmentáció a szöveg és a diskurzus töredezettségét eredményezi, az (ál)önéletrajzban önmagát szemlélő implicit szerzői szubjektum lesz az, amely a szöveg önmagára utaltságát, önreflexív jellegét gerjeszti. Ám a szemlélés, megfigyelés nemcsak a szerzői énre vonatkozik, hanem szereplőire kiterjedve meg is kettőződik: az első önéletrajz elbeszélője például sorra veszi, hogyan bámulják meg őt a fürdőben, és milyen trükkökhöz folyamodik édesanyja, hogy minél többen felfigyeljenek rá. Már ez a traumatikus élmény is performatív gesztusként értelmezhető, hiszen elbeszélésre (írásra) készteti az első szakasz narrátorát. Merleau-Ponty fenomenológiája az interszubjektivitás viszonylatába helyezi az észlelést; Bellatin regényeiben szemlélő és szemlélt emellett dialektikus viszonyba is rétegződik. A harmadik önéletrajz elbeszélője például testi kiszolgáltatottságát önkéntes alapon vállalja, de az első szakasz narrátora sem mutat ellenállást édesanyjával szemben.

A tekintet, a megbámulás a vizuális diskurzus, a vizualizáció tematizálása is egyben. Érdekes módon szemlélő és szemlélt dichotómiája szorosan kapcsolódik a szubjektum testtapasztalatához, amelyből nem hiányozhat a Másik: még ha tükörben szemlélem is önmagam, ez csakis külső nézőpontból történhet, ami implikálja egy alteregó, a Másik jelenlétét. Bár birtoklom testemet, tehát saját szükségletem s vágyaim szerint vezérlem azt, csak abban az esetben tudok tőle szimbolikusan elszabadulni, ha kívülről szemlélem önmagam. Míg ez a motívum az *El Gran Vidrio* mikroszintjén (a regény három szakaszában) a szemlélő és a szemlélt dialektikus viszonyába tagolódik, a mű makroszintjén az önéletrajzi én az írás performatív folyamata során képes önmagát megfigyelni, önnön testképével kísérletezni. A Mario Bellatin által sugallt korporális esztétika tehát dominancia és engedelmesség között inog: testét és szubjektumát apró darabokra tördeli –

úgymond „szétírja" –, ám az önvizsgálás során mégis átadja magát az írás építő folyamatának.

Mint láttuk, az *El Gran Vidrio* egyszerre forgatja fel és őrzi meg a három önéletrajz valóságosságának látszatát: az önéletírók gyakran megbízhatatlanságukra hivatkoznak, nem emlékeznek egy-egy kulcsfontosságú életeseményre, vagy kinyilvánítják, hogy hazudnak. Bellatin ezzel egyszerre ássa alá és emeli ki az önéletírás lényegi elemeit – nem véletlen tehát a duchamp-i párhuzam, hiszen a francia művész egyedi módszere, a meta-irónia is épp ebben áll: tagadással hangsúlyozza ironikus mivoltát. Duchamp nevének említése természetesen nem történik meg a regényben, sem a fülszövegben: újabb játék az olvasóval, akitől szinte megtagadják az interpretáció lehetőségét.

A különböző valóság- és identitásrétegek egymásra halmozásából épülő regény akár egyetlen folyamat fázisainak ábrázolásaként is értelmezhető. Ebből kettős narratív „mozgás" alakul ki: az önéletíró darabjaira hullott, dekonstruált identitásából három fiktív szubjektumot épít, melyeket ugyanakkor annulál is a gyakorta visszatérő megbízhatatlanság, kitérések, illetve önreflexív és meta-irodalmi elemek által. Talán az olvasó feladata a kirakó darabjainak egymáshoz illesztése – ám ez nemcsak a szóban forgó regényt, hanem Bellatin többi művét is magába foglalja: szerzőnk az írás során, különböző fiktív identitások, részegók mögé bújva érzi magát otthonosan, így – akár egy performer – testét, testképét értelmezi újra és újra – ismét egy érv amellett, hogy egyetlen könyvön dolgozik, mely kisebb szövegtöredékekből áll.

Csejtei Dezső és Juhász Anikó hermeneutikai vizsgálatai (2006) a szemlélés (kontempláció) fogalmát ontológiai síkra emelik, amikor olyan látásként definiálják, mely túlmutat a szemlélt tárgyon/szubjektumon. Bellatin testi anomáliával bíró szereplői gyakran önkéntesen adják át magukat ennek a szemlélésnek, ám – a Lacan által felvázolt viszonnyal ellentétesen (vö. Bollobás 33) – a szemlélő sem marad rejtve: bár az első szakasz önéletrajzi narrátora nem írja le részletesen az őt megbámuló egyéneket, tekintetüket mégis felfedi elbeszélésében. Ismerjük szemlélésük előzményeit és következményeit: a testi rendellenességet, édesanyja figyelemfelkeltésre irányuló törekvéseit, illetve azokat az ajándékokat, amelyeket a Másik ajánl fel számukra. A harmadik önéletrajz elbeszélője is szubjektum-objektum dialektikus viszonyába rendeződik: önkéntessége és narrációja az első, míg kiszolgáltatottsága, az apja által tervezett rendszerre való kikötése – tehát a Másik tekintetének való kitétele – a második kategóriába sorolja.

Ha az *El Gran Vidrio* makroszintjét vizsgáljuk, és a testi ábrázolás kísérleteként értelmezzük a regényt, láthatjuk, hogy nemcsak az írott és olvasott, hanem az író és olvasó alany testtapasztalata is kockán forog. Az írás nem puszta cselekvés marad, hanem performatív tevékenységgé lép elő, amely messze túllépi a textualitás, a szövegiség és a szövegszerűség határait (vö. Pollock 79). A testi és szövegi töredékesség közti párhuzamok alapján továbbá felmerül a kérdés, hogy beszélhetünk-e szövegegységről? Létezik-e a nagybetűs Mű? Egységes lehet-e egy folyamatosan bővülő szöveg, azaz a bellatini életmű? Egyáltalán: szükség van-e valamiféle egységre?

Mindenesetre az tisztán látszik, hogy az 1987 óta szinte mániákus gyorsasággal publikáló szerző egyre nagyobb hangsúlyt fektet a szövegközi viszonyok kiépítésére, bővítésére: a visszatérő szereplők és események mellett gyakorta megjelenik egy-egy olyan elbeszélő, aki – akár Bellatin, akár más nevén – a már általa publikált szövegeket említi, listába foglalja, kritizálja vagy éppen dicséri. A kritika gyakran a szerző egoizmusaként értelmezi e motívum jelenlétét, ám én merem azt hinni és vallani, hogy ez az írói nárcizmuson túlmutató gesztus, amely művészeti, esztétikai értékkel is bír: egyfajta önfeltáró folyamat, mely nem csupán irodalomelméleti, hanem a performansz elméleti keretein belül is értelmezhetővé válik.

Hivatkozott irodalom

Bellatin, Mario. *El Gran Vidrio*. Barcelona: Anagrama, 2007.
Bellatin, Mario. *Obra reunida*. Barcelona: Alfaguara, 2013.
Bollobás, Enikő. *Egy képlet nyomában. Karakterértelmezések az amerikai és a magyar irodalomból*. Budapest: Balassi Kiadó, 2012.
Csejtei, Dezső, és Juhász Anikó. „Ortega y Gasset *Elmélkedések a Don Quijotéről* című művének hermeneutikai dimenziója". *Pro Philopohia Füzetek* 4 (2006). Web. http://www.c3.hu/~prophil/profi064/csejtei.html. 2016. november 5.
Epplin, Craig. „Mario Bellatin y los límites del libro". In: *La variable Bellatin. Navegador de lectura de una obra excéntrica*. Szerk. Julio Ortega és Lourdes Dávila. Xalapa: Universidad Veracruzana, 2012. 99-117.
Földes, Györgyi. „Az önéletrajzi regény a korporális narratológia tükrében". *Filológiai Közlöny* 59.1 (2015): 33-39.
Glusberg, Jorge. „Bevezetés a testnyelvekhez: a body art és a performace". *Artpool*. Web. http://www.artpool.hu/performance/glusberg1.html és http://www.artpool.hu/performance/glusberg2.html. 2016. november 5.
Laddaga, Reinaldo. *Espectáculos de realidad: ensayo sobre la narrativa latinoamericana de las últimas dos décadas*. Mexikóváros: La Cifra Editorial, 2007.
López Alfonso, Francisco José. *Mario Bellatin, el cuaderno de las cosas difíciles de explicar*. Alicante: Universidad de Alicante, 2015.

Martinetto, Vittoria. „Palimpsestos en el universo Bellatin". In: *La variable Bellatin. Navegador de lectura de una obra excéntrica*. Szerk. Julio Ortega és Lourdes Dávila. Xalapa: Universidad Veracruzana, 2012. 15-33.

Merleau-Ponty, Maurice. *Az észlelés fenomenológiája*. Ford. Sajó Sándor. Budapest: L'Harmattan, 2012.

Neyra, Ezio. „«No hay más escritura que la escritura.» Entrevista a Mario Bellatin". In: *La variable Bellatin. Navegador de lectura de una obra excéntrica*. Szerk. Julio Ortega és Lourdes Dávila. Xalapa: Universidad Veracruzana, 2012. 71-98.

Palaversich, Diana. „Desarticulación corporal y textual en la narrativa de Mario Bellatin". In: *De Macondo a McOndo. Senderos de la postmodernidad latinoamericana*. Mexikóváros: Plaza y Valdés, 2005. 121-138.

Palaversich, Diana. „Prólogo". In: Mario Bellatin. *Obra reunida*. Mexikóváros: Alfaguara, 2005. 9-23.

Pitois-Pallares, Véronique. *El arte del fragmento:* El Gran Vidrio *de Mario Bellatin*. Hermosillo: Editorial Universidad de Sonora, 2011.

Pollock, Della. „Performing Writing". In: *The Ends of Performance*. Szerk. Peggy Phelan és Jill Lane. New York: New York University Press, 1998. 73-103.

Sáenz, Inés. „Mario Bellatin. Mantener el no-tiempo y el no-espacio. Una conversación con Inés Sáenz". *Fractal* 72 (2014): 99-128.

Sáenz, Inés, és Christoph Singler. „Marcel Duchamp / Mario Bellatin: trayectos de *El Gran Vidrio*." *IBERC@L* 5 (2014): 49-58.

Petrák Fanni

ISMÉTLŐDŐ EMBERISÉG: JEANETTE WINTERSON EVOLÚCIÓS NARRATÍVÁI

Jeanette Winterson több mint harminc éve meghatározó egyénisége a kortárs brit prózának, a magyarországi recepció mégis igen tartózkodóan fogadja ma is. Az eddigi huszonegy könyvéből négy regény és két gyermekkönyv jelent meg magyarul, és ezen kívül néhány kisebb szöveget és pár regényrészletet közölt tőle a *Nagyvilág*, a *Magyar Lettre* és a *Fosszília*. Bár néhány művének egyes részleteit és egy regényét már a kilencvenes években magyarra fordították, igazi kultusza azóta sem épült. Erről árulkodik, hogy nincs magyar nyelvű oldala a *Wikipédiá*n, s hogy a népszerű közösségi könyves oldal, a *Moly* olvasói is mérsékelt érdeklődést mutatnak iránta. Azon olvasók körében azonban, akik magyarul olvasták köteteit, egyértelműen pozitív visszhangot kapott. Sajnos azonban mindaddig, amíg nem karolja fel egyetlen kiadó és kezdi el szisztematikusan lefordíttatni és kiadni összes megjelent munkáját, megfelelő PR-háttérrel, addig nem is igen számíthatunk másra.

Vallasek Júlia 2015-ös *Angolkeringő – Esszék a kortárs angol irodalomról* című kötetében utal is arra a következetlenségre, hogy a kiadók mennyire nem törekednek a népszerű és méltán elismert angolszász szerzők magyar fordításainak teljeskörű elkészítésére és közlésére, s példaként éppen Wintersont említi. Winterson esetében megfigyelhetjük, hogy míg első regényének, a világszerte ismert 1985-ös *Oranges are not the only fruit*-nak máig nincs magyar fordítása, addig a 2013-ban a Park Kiadó gondozásában kiadott *Miért lennél boldog, ha lehetsz normális?* (*Why Be Happy When You Could Be Normal?*) című regény már némiképp az írónő felé fordította mind az olvasóközönség, mind a kritika figyelmét. A *Moly* olvasói közül ezt a regényt értékelték legtöbben, s három fontos lap, a *Magyar Narancs*, a *Filológiai Közlöny* és a *Műút* is közölt kritikát a kötetről, irodalomtörténészek tollából. Ez a kötet már két évvel az eredeti közlést követően megjelent hazánkban, s rövid időn belül követte a korábbi fordításban újraközölt *Szenvedély* (*The Passion*), szintén a Parktól, legújabb regényét pedig, *Az időszakadék – Shakespeare Téli regéje Jeanette Winterson tolmácsolásában* (*The Gap of Time*), már egy évvel a londoni megjelenés után olvashatta a magyar közönség a Kossuth Kiadó jóvoltából.

A meglehetősen ritkás magyarországi Winterson-közlésekből és recepcióból kitűnik, hogy főként a gyermekkönyvek és a klasszikus történetek újramesélése kapcsán ismerhetik meg őt a magyar olvasók, s egyáltalán nem említik vele kapcsolatban a technológia, a disztópia, vagy a klímaváltozás tematikáját. Ezt a hiányosságot próbálja pótolni a jelen tanulmány, melynek nem titkolt célja ezt a fontos és az angolszász szakirodalomban népszerű témát bevonni a magyarországi diskurzusba.

A *The Stone Gods* egy új műfaj, a *cli-fi* alapkötetei közé tartozik. A klímaváltozás irodalma, a *climate change fiction* vagy röviden csak *cli-fi*, azokat az irodalmi műveket foglalja magába, melyek valamilyen módon reflektálnak az emberiség földre gyakorolt hatására, ezen belül is arra, hogy a bolygó teljes és tökéletes kihasználása milyen változásokat okoz az időjárási viszonyokban. A kifejezést Dan Bloom vezette be egy 2008-as blogposztjában, amikor egy viharokkal és árvizekkel tarkított filmet „*cli-fi movie*"-ként aposztrofált. A klímaváltozás mint téma nem újdonság az irodalomban, számos olyan könyvet vagy filmet lehet felsorolni, melyek a klímaváltozással mint természeti katasztrófával foglalkoznak. Példaként szolgálhat Jules Verne 1889-es *Világfelfordulás* (*Sans dessus dessous*) című regénye, amelyben egy ágyúval próbálják a Föld tengelyét elmozdítani, ezzel klímaváltozást okozva; vagy a posztumusz kiadott, 1863-as *Párizs a 20. században* (*Paris au XXe siecle*) című regény, melyben a hőmérséklet hirtelen esik 30 fokot, minek következtében Európa megfagy. Az 1960-as, mások szerint a '70-es évektől az *ecofiction* és a környezetvédelmi aktivizmus elterjedésével egyre több helyen jelenik meg az emberiség és a környezet kapcsolata mint téma, ezúttal már nem egyéni szinten megélve, hanem az ember- és egyénközpontúságtól távolodva, nagyobb léptékben kritikusan reflektálva a problémára. Jim Dwyer 1995-ös *Where the Wild Books Are: A Field Guide to Eco-Fiction* című könyvében az alábbi kritériumokat állította fel annak megállapítására, hogy mi tartozik az *ecofiction* kategóriájába: 1) a nem emberi környezet nem csak afféle keretként szolgál, hanem jelenléte azt implikálja, hogy az emberiség története benne foglaltatik a természet történetében; 2) az emberi történet nem egyetlen és legfőbb érdekként van értelmezve; 3) az emberiség felelősségre vonhatósága része a szöveg etikai irányultságának; 4) a környezet folyamatként jelenik meg, nem pedig statikus és magától értetődő (viii). Ezen belül a klímaváltozás témájának fontosságát és popularitását mi sem mutatja jobban, mint az, hogy az *ecofiction* azon ága, amely a klímaváltozással foglalkozik, jelentősen kibővült a '70-es évek óta, és műfajmegnevezések garmadáját generálta. Érdekes továbbá, hogy a klímaváltozással már nem csupán olyan ismert *science fiction* írók foglalkoznak, mint J. G. Ballard, Kim Stanley Robinson vagy Susan M Gaines, hanem például Ian McEwan, Barbara Kingsolver, Margaret Atwood és Jeanette Winterson is.

A SZUBJEKTUM SZÍNEVÁLTOZÁSAI

Minden szöveg egy alternatív valóságot teremt. Az, hogy ezek a valóságok mennyire térnek el az olvasó mindennapi valóságától, már csak absztrakció kérdése, hiszen az olvasó ugyanúgy felépíti magában Jane Austen *Emmá*jának (*Emma*) vidéki kisvárosát, mint ahogyan megkonstruálja a Nemzetközi Űrállomás alternatív modelljét Neal Stephenson *Hétévájá*ban (*Seveneves*). Bármennyire is idegenek az elképzelt világ tájai, az olvasó mégis képes ezekben a világokban elmerülni és otthonosan mozogni. Ahogy Erin James megállapítja a *The Storyworld Accord* című könyvében, a kognitív narratívaelméletek szerint ez a fajta elmerülés szükséges ahhoz, hogy a narratíva teljesen megélhető és megérthető legyen. James a kognitív narratívaelméletekből a történetvilágok[135] fogalmát emeli át: ez olyan mentális modell és környezet, amelyen belül a narratíva szereplői tevékenykednek (ii). A történetvilág tehát az a mentális tér, amely az olvasó fejében konstruálódik a szöveg alapján, s melynek megléte és ismerete nélkül a szöveg feldolgozhatatlan. Természetesen az a gondolat, hogy a szövegben való elmerülés és a fiktív világban való mozgás alapvető szükséglete az olvasásnak, nem új. A történetvilág viszont arra irányítja a figyelmet, hogy az olvasás, és tulajdonképpen minden narratíva megértésére irányuló aktus a környezet megtapasztalásának egy formája, melyben az értelmező olyan mentális modellekhez fér hozzá, melyeket egyébként nem ismer (James iii-iv). Ezek a mentális modellek adják az alapot ahhoz, hogy a történet különböző eseményei elhelyezhetőek legyenek időben egymáshoz képest, illetve hogy a fiktív elbeszélést az olvasó pozícionálni tudja saját megélt valóságához képest. Az olvasás aktusa így egyszerre realizálja két világ, egy valóságos és egy fiktív környezet megtapasztalását és megélését, hangsúlyozva a fiktív világ megalkotottságát, ám egyúttal a valósághoz kapcsolódó elválaszthatatlan kötelékét is. A történetvilágok megalkotása mindig egy értelmező szemszögén keresztül történik, hiszen maga az olvasó sosem tapasztalja meg a fiktív világot saját megélt valóságaként, így a történetvilág megkonstruálásakor a narrátor és a karakterek benyomásaira kell támaszkodnia. Az olvasó tehát mindig egy szubjektív értelmezésen keresztül ismeri meg a fiktív világot, mely sok esetben különbözik a fiktív világ többi szereplőjének tapasztalatától. Ez különösen igaz az utópikus vagy disztópikus szövegek esetén, ahol a szereplő, akinek nézőpontján keresztül megismerjük a fiktív világot, gyakran a társadalom kívülállója. H. G. Wells-nél például *A vakok országá*ban (*The Country of the Blind*) egy látó nézőpontjából ismerjük meg egy olyan társadalom szokásait, amelyben a látás képessége nem ismert fogalom. De gondolhatunk Margaret Atwood feminista disztópiájára, *A szolgálólány meséjé*re (*The Handmaid's Tale*) is, ahol a totalitárius patriarchális társadalom az elnyomott nő szemszögéből jelenik meg.

---

[135] *storyworld*: Lengyel Zsuzsanna fordítása

Erin James megalkotja az ökonarratológia fogalmát, mely egyesíti a narratológia és az ökokritika eszköztárát. Az ökonarratológia továbbra is irodalom és környezet kapcsolatát vizsgálja, ám ezt azokon a narratív struktúrákon keresztül teszi, melyek a környezet reprezentációját teszik lehetővé elbeszélői eszközökkel (23). A klímaváltozás irodalmának ökonarratológia olvasata nagyobb vállalkozás, mint amit ennek a dolgozatnak a keretei levetővé tesznek, érdemes viszont feltenni azt a kérdést, hogy milyen nehézségei vannak egy teljes műfaj ilyetén értelmezésének, és mindez mit adhat hozzá a művek értelmezéséhez. A *cli-fi* ökonarratológia olvasata egyrészt pontosabb ismeretet adhat arról, hogy a műfaj milyen határvonalak mentén különül el az *ecofiction*től, a spekulatív fikciótól, illetve a *science fiction*től, másrészt lehetőséget ad a szövegek mélyebb értelmezésére. A klímaváltozás irodalma sajátos műfaj, hiszen bár számos előfutárral bír, alapvetően mégis új találmány. Az ebbe a műfaji kategóriába sorolt szövegek meglehetősen diverzek, és főleg tematikusan alkotnak csoportot, így ebbe a kategóriába tartozik Margaret Atwood disztópikus *science fiction* trilógiája, a *MaddAddam*, illetve Ian McEwan jelenben játszódó szatirikus regénye, a *Solar* is, amely egy fizikus mindennapjait mutatja be. Az episztemológiai bizonytalanság kapcsolja össze alapvetően ezeket a műveket, s hatja át az emberiség és a klímaváltozás jelenségének viszonyát. Ezek a szövegek egyszerre jelenítik meg azt az extenzív tudást, amely a globális felmelegedésről (és az abban játszott szerepünkről) rendelkezésünkre áll, illetve azt a strucpolitikát, amellyel a jelenség létéről társadalmi szinten igyekszünk nem tudomást venni, esetenként tagadni azt.

A klímaváltozás irodalmának világépítése már csak azért is érdekes, mert ezek a szövegek a jelenség jelenbeágyazottsága miatt sosem távolodnak el nagyon a megélt valóság ismereteitől. Az olvasó a szövegben elrejtett, számára felismerhető jelenségek alapján helyezi el magát időben és térben. Vannak-e autók? Vannak-e számítógépek? Ezek a jelzések orientálják az olvasót, kapcsolatot teremtenek a megélt valóság és fikcionális valóság között, valamint meghatározzák, hogy az olvasónak mennyire kell magát eltávolítania ismert világától. Jeanette Winterson *The Stone Gods*-ában az Orbus nevű bolygón például a hagyományos autókat leváltották a napelemes, illetve hibrid változataik, a kozmetikai beavatkozások és test genetikai módosítása mindennapos procedúra, és lehetséges az űrutazás. A technológia magas fokú fejlettsége azonban nem annyira távoli, hogy az olvasó ne ismerhetne rá benne saját világára. A MacDuck's és Burger Princess egyértelmű utalás két ismert gyorséttermláncra, az univerzum kolonizálása pedig nem is tűnik olyan messzi eshetőségnek, ha a NASA tervezett Mars-expedíciójára gondolunk. Vannak persze olyan jelenségek is, amelyek idegennek tűnnek, de alapvetően nem elképzelhetetlenek: az

Orbust vörös homok borítja (Vörös bolygónak is hívják), amely alkalmanként nehézzé teszi a légzést, és állandó rajta a vízhiány. Az Orbus leírása alapján az olvasó arra a következtetésre jut, hogy a történetvilág, amit meg kell alkotnia, erősen kötődik saját megélt valóságához, sőt, nagy valószínűséggel saját világának közeli jövőjét írja le. Ezt az elképzelést azonban megbolygatja az a fejlemény, amikor az új jövőt és az újrakezdést szimbolizáló Kék bolygó felfedezésekor szembesülünk azzal a ténnyel, hogy tulajdonképpen a Föld nagyon korai történetét olvassuk. Ennek a bolygónak a flórája és faunája ugyanis megtévesztésig hasonlít a prehisztorikus Földére, és a dinoszauruszok (az Orbuson ismeretlen fajok) jelenléte már finom jele annak, hogy valóban a Földet sikerült felfedezni. Amikor az expedíció egy eltérített aszteroidával előidézi a jégkorszakot, és ezzel hosszú időre lakhatatlanná teszi a Kék bolygót az emberiség számára, az olvasó már egészen biztos abban, hogy az Orbus történetét olvasva nem saját valóságának közeljövőjével találkozott.

A regény időkezelése az emberiség által lakott bolygók megkettőzésével válik bonyolulttá, hiszen az olvasó saját földtörténeti ismereteire hagyatkozva felismerheti, hogy a regényben az emberiség története nem a tönkretett bolygóhoz kapcsolódik, hanem ciklikusan ismétlődik. Ebben a fikcionális univerzumban ugyanis az emberiség megjelenése és kipusztulása nem egyedi eset, hanem egy végtelenített ciklus, ami ugyan különböző bolygókon, de mindig ugyanúgy zajlik le. Ezt a ciklikusságot Winterson a narrátor Billie Crusoe szemszögén keresztül mutatja meg, ami így az olvasó történetvilág-konstrukciójának alapja is lesz. Az űrhajó fedélzetén Billie és a legénység beszélgetésein keresztül több olyan bolygó története is megjelenik, melyeken valaha emberek laktak. A legfontosabb ezek közül a Fehér bolygó, melynek történetét Handsome, a kapitány, a tengerészek meséinek mintájára adja elő. A történet szerint a Fehér bolygót akkor fedezték fel, amikor emberi életre alkalmas új lakhelyet kerestek az űrben. A bolygó fehér felülete inverze mindannak, amit a legénység valaha ismert, a pusztítás ugyanis olyan mértékű volt rajta, hogy minden jövőbeni élet reménye elveszett és értelmét vesztette:

> Van az a fehér, amely a világ minden színét magába foglalja, de ez a fehér ennek a kicsúfolása volt. Ez az a fehér volt, amely a világ végén van, amikor nem maradt már semmi, nincs múlt, nincs jelen, és ami a legijesztőbb: jövő sem. Nem volt jövő ezen a kifakult, felforrt helyen. Semmi, sem vad, sem furcsa, sem kicsi, sem gonosz, semmi jó, semmi rossz nem tud új életet kezdeni itt. A világ kifehéredett. A kísérlet befejeződött. (63)[136]

---

[136] „There is a white that contains all the colours of the world but this white was its mockery. This was the white at the end of the world when nothing is lift, not the past, not the present and, most fearful of all, not the future. There was no future in this bleached and boiled place. Nothing, not wild, not strange, not tiny, not vile, no good thing, no bad, could begin life

Ismétlődő emberiség
Jeanette Winterson evolúciós narratívái

A leszálló felfedezők a bolygó felszínén egy ismeretlen civilizáció nyomait vélik felfedezni, mely a teljes kihalás szélén képtelen volt megmenteni önmagát. A formátlan, gőzből álló topográfiából kiválik egy út és egy város nyoma, ami a felfedezőket egy valamikori tündérmesére emlékezteti (63). A város romjai közt egy kriptára bukkannak, ahol a forróságban szétolvadó, majd megszilárduló formákban autókat, repülőgépeket, számukra ismerős tárgyakat fedeznek fel. Az expedíciót kísérő fejlett *robo sapiens*, Spike azonban puszta délibábként látja azt, amit a rettegő emberek egy civilizáció romjainak tekintenek (65).

A bolygó története két szinten konstruálódik meg: egyrészt ahogy Handsome és a többi felfedező értelmezi, és elmeséli a felfedezést, másrészt pedig ahogy Spike, az objektív, nem emberi szemlélő látja. Miképpen az antropocén beszél az elképzelt jövőbeli geológusról, aki a földtani rétegekből olvassa ki a letűnt emberiség történetét és Földre gyakorolt hatását (Colebrook 10), akképpen próbálják a felfedezők is értelmezni a Fehér bolygó lakóinak sorsát a talált nyomok alapján. A csoport emberi tagjai saját ismert világukhoz igazítják a látottakat, így az ő tudatukban az elpusztult civilizáció modellje képződik meg. Ezzel ellentétben Spike, aki a puszta tényeket látja, a jelenséget annak tulajdonítja, hogy az emberek mindenképpen a saját koncepciós kereteik között tudják felfogni a világot, ezért látják bele saját történetüket a forróság, a gőz és a fények játékába. Az ellentétes értelmezések közötti feszültséget Winterson a szerencsejátékos történetével oldja fel, aki minden vagyonát elkártyázva kétségbeesésében megöl egy embert, majd pisztollyal a szájában egy angyalhoz imádkozik egy új esélyért, megfogadva, hogy mindent másképp fog csinálni. Az angyal teljesíti a kívánságát, így a szerencsejátékos egy darabig példás életet él, egészen addig, míg újra el nem kezd kártyázni, és a történet újrakezdődik (65-67). A tanmese arra mutat rá, hogy az ember alapvető természetéből adódóan soha nem tanul a hibáiból, ezért minden ciklikusan ismétlődik. A szerencsejátékos, illetve az önmagát újra és újra megsemmisítő civilizáció történetét egymás mellé helyezve azt látjuk, hogy az idő linearitása csupán illúzió, hiszen az újrainduló ciklusok értelmezhetetlenné teszik múlt és jövő fogalmát. A történetben csak különböző fázisok jelennek meg a ciklusban, így az Orbus, a kiinduló bolygó is elveszti az origó szerepét.

Anthony Paul Kerby szerint az ember saját élettörténetének elmesélése az önnarráció legáltalánosabb fajtája, mely kötött narratív keretekkel rendelkezik: van eleje, közepe és vége (6). A történet végét Kerby nem puszta irodalmi eszköznek tekinti, hanem a történések megértése legfontosabb módjának, hiszen az önnarráció nemcsak ismétlődő

---

again here. The world was a white-out. The experiment was done." A közölt részletek saját fordításaim.

elbeszélése a múltban történteknek, hanem egyúttal értelmezése is azoknak. A *The Stone Gods* szereplőinek története azonban hiába mesélődik el újra és újra a regény különböző fejezeteiben, az egyes szereplők identitásának narratív konstrukciója sosem lesz befejezett, hiszen a történetüknek részét képezi mindaz, ami több idősíkon megtörténik velük. Bár az események az egyes fejezetekben érthetően követik egymást, a regény egészében temporálisan nem kapcsolódnak egymáshoz, a ciklikus és egyszerre több síkon történő ismétlődés pedig meggátolja azt, hogy a szereplők önnarrációjának valaha is vége legyen.

Billie és a legénység távollétében az Orbuson nukleáris háború kezdődik, melynek következménye végzetes a bolygó lakói számára. Csak a megmaradt túlélők tudnak visszaemlékezni, viszont valódi referens hiányában az orbus-i világ is csak egy, a szereplők fejében emlékekből megképződő modell lesz. Az Orbus tehát hasonlóan fikcionalizálódik, mint a Fehér bolygó, és megkonstruáltságában is ugyanazt a kettősséget képviseli, a jelenlévő Spike miatt ugyanis továbbra is elkülönül az emberi és a nem emberi látásmód. Az emberiség utolsó túlélőiként Billie és Spike különleges pozícióba kerülnek: visszaemlékeznek a faj kipusztulására a Fehér és a Vörös bolygón, miközben megtapasztalják a jégkorszak okozta nagy kihalási hullámot a Kék bolygón. Claire Colebrook *Death of the PostHuman* című könyve szerint három értelemben beszélhetünk kihalásról: egyrészt, mint az éppen most zajló hatodik nagy kihalási hullám, amelynek tanúi vagyunk a mindennapokban; másrészt érthetjük úgy is, hogy az emberek pusztítanak el egy fajt (gondolhatunk itt például a kihalással fenyegetett fajok vörös listájára). A harmadik értelmezés pedig a *self-extinction*, vagyis saját magunk elpusztítása (9). A *The Stone Gods*-ban mindhárom értelemben megjelenik a kihalás, s ezeknek a folyamatoknak nemcsak az olvasó lesz a tanúja, hanem a két életben maradt karakter is. A Colebrook által említett kihalásértelmezések nemcsak direkt módon, megtapasztaltan jelennek meg, hanem beépülnek abba a narratívába, melyet Billie alkot a világról. Ebben a történetben az egyén személyes tapasztalatain alapuló történelem apró része az egésznek, maga is egy elmesélhető történet. Ahogy Billie a haldokló Spike-nak mondja: „ez csak egy történet. Majd lesz egy másik" (113).[137]

Az olvasó a történetvilágot Billie nézőpontján keresztül alkotja meg. Billie sajátos pozíciót foglal el a regény társadalmában: bírálja a fennálló rendet, csak a látszat szintjén hajlandó alkalmazkodni a társadalmi elvárásokhoz, és egyre sikertelenebbül egyensúlyoz a törvényesség és a törvénytelenség határmezsgyéjén. Nem hajlandó a hagyományosan előírt női szerepeknek megfelelően viselkedni. Már a neve is megtévesztő: a Billie a William név becézett alakjának női változata, mely hangzásra meg is egyezik a férfi változattal. Nem elhanyagolható továbbá, hogy a Crusoe

---

[137] „This is one story. There will be another."

vezetéknévvel párosítva erősen férfias hatást kelt, s megidézi Daniel Defoe *Robinson Crusoe* című regényének főhősét. Billie nem hajlandó genetikai beavatkozással fiatalítani magát, vagy megállítani az öregedést, és elítéli a plasztikai műtéteket. Hamisított iratai átmeneti biztonságot adnak neki, ám egyúttal el is fedik valódi énjét. A külvilág által ismert Billie látszólag beilleszkedik környezete mindennapjaiba, mások által látott arcát úgy alkotja meg, hogy az normakövetőnek tűnjön. Ha felidézzük Judith Butler performativitás elméletét, jól látható, hogy Billie a nők számára előírt szerepet követi, ám ezt csak akkor teszi, amikor az őt körülvevő világ ezt elvárja tőle. Butler érvelése szerint ez a fajta gender identitás egy olyan performatív képződmény, melyet a társadalmi szankciók és tilalmak kényszere határoz meg (520). A nemi szerep performativitása ez esetben azt jelenti, hogy a nemi szerephez illő identitást Billie a normatívan előírt szerep ismétlésével alkotja meg. Billie nem rendelkezik állandó identitással, ahogyan senki más sem, hanem különböző kontextusokban különböző identitásokat jelenít meg.

A modell olyan leképezését adja a világnak, melyben Billie a társadalom renitens tagjaként lesz normatív, így az olvasó fenntartásokkal kezeli a gyerekprostitúciót és más olyan tabu témákat, melyek a fiktív világban teljesen hétköznapinak számítanak. Wintersonnál ugyanakkor megjelenik az a nézőpont is, amely nem csupán a társadalmi normákon áll kívül, de magához a társadalomhoz sem kötődik. A Spike nevű *robo sapiens* egy olyan szofisztikált robot, aki képes teljesen objektív módon látni a világot. Külsőre és viselkedésre is annyira tökéletes mása az embernek, hogy aki nincs tisztában robot jellegével, nem is látja őt saját magától különbözőnek. Ahogy Kym Maclaren megjegyzi, azzal, hogy a gondolkodás megkérdőjelezi a szubjektum létét, valójában önmaga képez dichotómiát tárgy és alany között (27). Mivel az emberek tudják, hogy Spike robot, automatikusan tárgyi pozícióba helyezik, nem sokban különböztetve meg egy porszívótól. Spike meglátásait mindenki elveti, mert az emberi kategórián kívülre sorolják. Azt ugyan elismerik, hogy gondolkodó lény, de azt már nem, hogy ez bármilyen módon az emberrel egyenrangúvá tenné őt, sokkal inkább kifinomult műszernek tekintik. Spike igyekszik megérteni, hogy mi alapján szabják meg az ember és a robot közötti határt:

> – De tudni akarom, hogyan hozzátok meg a distinkciót. Az emberi test folyamatosan változik mindenféle genetikai beavatkozás nélkül. Egy nap, egy hónap, vagy évek múlva nem az leszel, aki ma vagy. Az egész csontvázatok lecserélődik tízévenként, a vörösvérsejtjeitek minden százhúsz nap után, a bőrötök kéthetente.

– Ezt elfogadom – mondtam – és elfogadom, hogy racionális, gondolkodó, intelligens entitás vagy. De nincsenek érzelmeid. (77-78)[138]

Az érzelmek hiánya azonban nem olyan érv, amelyet Spike el tud fogadni. Rámutat arra, hogy a beleérzés képessége inkább spektrumként képzelhető el, semmint minden emberben ugyanolyan mértékben létező képességként. Felhívja arra a figyelmet, hogy a *robo sapiens* fejlődik, miközben az emberiség túlságos függése a technikától képtelenné teszi arra, hogy életben maradjon megszokott közegén kívül. Spike evolúciója azonban olyan jellegű, hogy elmossa az érzelmek meglétén alapuló különbségtételt ember és robot között.

Paul John Eakin *How our Lives Become Stories* című könyvében Gaston Deny és Paul Camus francia neurológusok egy esetét hozza fel példának a test és a szelf szoros kapcsolatának hangsúlyozására: a beteg egy fiatal nő, aki nem érzékeli saját testét, s úgy érzi, ezzel saját magát is elveszítette. Ahogy Eakin fogalmaz: „»Érzem a testem [...], tehát vagyok.« Ez a zavaros állapot emlékeztet bennünket arra, hogy a testkép birtoklása köti meg és tartja fenn az identitástudat érzetét" (10-11)[139]. A test érzékelése azonban önmagában nem elég magyarázat az énkép kialakulására. Kerby azt állítja, hogy az énkép az önnarráción keresztül jön létre. Ennek az elbeszélésnek közvetítője pedig a test, hiszen a narráció leggyakrabban akkor valósul meg, amikor két ember egymással beszél. Ilyenkor a másik teste a „narráció helye lesz", mely aztán „személyiséggel ruházódik fel"[140], s így felismerhető lesz benne a másik szubjektum (71).

Spike szerint csak az irodalmi nyelvhasználat az, amely „keretbe tudja foglalni a világot" (80),[141] vagyis csak a szövegben való elmerüléssel konstruált történetvilágok értelmezése nyithatja fel az olvasó szemét a mások által megélt világokra, és a különböző pozíciókra, amelyeket a szubjektum elfoglalhat. Ennek a felismerésnek a részeként Spike áttöri az utolsó a robotot az embertől elválasztó határt, és képessé válik az empátián keresztül érzelmek megtapasztalására. Alanyisága azonban akkor teljesedik ki igazán, mikor Billie felismeri benne a világot a sajátjához hasonló módon megtapasztaló lényt, és ez a felismerés magát Spike-ot is megváltoztatja. Az így már személyközi viszonylatokban konstituálódott Spike azonban még

---

[138] „»But I want to know how you are making the distinction. Even without any bio-engineering, the human body is in a constantly changing state. What you are today will not be what you are in days, months, years. Your entire skeleton replaces itself every ten years, your red blood cells replace themselves every one hundred and twenty days, your skin every two weeks.« / »I accept that,« I said, »and I accept that you are a rational, calculating, intelligent entity. But you have no emotion«".
[139] „»I feel my body [...], therefore I am. « Her troubled condition reminds us that it is possession of a body image that anchors and sustains our sense of identity."
[140] „site of narration", „becomes endowed with the status of selfhood,"
[141] „only a poet could frame a language that could frame the world."

tovább fejlődik, szilikonból és áramkörökből álló teste ugyanis az emberi testhez hasonlóan kezd viselkedni. Ugyan nincsen szíve, de mikor Billie a kezét Spike mellkasára teszi, mégis dobogást érez:

– Mi?
– A szívem.
– Neked nincs szíved.
– Most már van.
– De...
– Tudom, hogy lehetetlen, de annyi minden, ami lehetetlennek tűnt, megtörtént már.
– Csak a lehetetlen éri meg az erőfeszítést. (110)[142]

A lehetetlennek tűnő jelenség itt egyszerre teremti meg robot és ember egymásra találását a szerelemben, valamint az alanyisággal egyébként nem rendelkező Spike szubjektummá válását. Ilyen módon ez kitörési utat jelenthet a ciklikusan ismétlődő emberi sorsból, hiszen ahogy a regény fogalmaz: „a szerelem beavatkozás" (83).[143] A szerelem tehát egy olyan intervenció, mely megváltoztathatja a jövőt.

A jövővel azonban – csakúgy, mint az idő lineáris kezelésével – az a probléma, hogy a regény ciklikusan ismétlődő szerkezete értelmezhetetlenné teszi. A négy elkülönülő fejezetben ugyanis Billie és Spike mindig főszereplőként jelenik meg, azonban minden alkalommal ugyanazzal a problémával kell szembenézniük. A regény három másik fejezete, melyeket itt most nem tárgyaltam, ismét színre viszi Billie-t és Spike-ot, akik az emberiség ciklikus fejlődésének különböző fázisaiban újra szembesülnek a kipusztulás katasztrófájával. Ugyan nemet, kort és néha fajt váltanak, mégis megmaradnak lényegileg ugyanannak. A szubjektum megképződése itt tehát nem térhez és időhöz kötött, hiszen a szereplők valójában ugyanúgy jelennek meg a Húsvét-szigeten, ahogy a III. világháború után, vagy Romvárosban. A kihalás szélén egyensúlyozó, hanyatló civilizációban túlságosan későn találkoznak, és képtelenek változtatni az emberiség sorsán. Az egyes fejezetekben ugyan van múlt és jövő, a szereplők reinkarnációi azonban saját idejük rabjai a regény globális időnkívüliségében, hiszen sosem tudnak kilépni a körforgásból. A feloldozásként megjelenő szerelem tehát csak elviselhetőbbé teszi az elkerülhetetlent, de nem változtatja meg azt.

---

[142] „»What?« / »My heart.« / »You don't have a heart.« / »I do now.« / »But...« / »I know it's impossible, but so much that has seemed impossible has already happened.« / »Only the impossible is worth the effort«".
[143] „Love is an intervention."

A *The Stone Gods*-ot olvasva azzal szembesülünk, hogy mindenféle külső nézőpont elképzelése ellenére mégiscsak egy fajta emberiség létezik, amely nem létezhetne azok nélkül a kihasználásra épülő szokások nélkül, melyek végül saját pusztulását hozzák. A szerencsejátékos meséje illusztrálja azt, hogy bár egyszerre tudjuk és nem akarjuk tudni azt, hogy mit kellene tennünk a túlélés érdekében, mégsem vagyunk képesek változtatni azért a célért, hogy biztosítsuk a túlélést, és hogy élhető kapcsolatot alakítsunk ki a bolygóval. El tudjuk azt képzelni, hogy egy másik életforma, mint például a *robo sapiens* létrehozhatna egy olyan világot, melyben kevesebb rombolás lenne. Azonban Winterson regényében maga a *robo sapiens* is emberi mintára megalkotott lény, így tehát nehéz megszabadulni attól az érzéstől, hogy az ő elképzelt társadalmuk nem ugyanúgy vagy éppen másképpen destruktív, mint a miénk. Amennyiben oly mértékig visszafejtjük az emberi kultúra történetét, hogy ne jelenjenek meg azok a felfedezések, amelyek lehetővé tették a mai helyzet kialakulását, nagyon sok mindent el kellene dobnunk, és ki az, aki meg tudja szabni, hogy létezhet-e az emberi civilizáció repülőgép, bányák, vagy éppen a kerék feltalálása nélkül. Ebből pedig az a kérdés következik, hogy az az alternatív emberiség, amely ezek nélkül élne, vajon még mindig mi lennénk-e.

Mit mond tehát nekünk az antropocén korszakról és a szubjektum helyéről a katasztrófa peremén a *The Stone Gods*? Úgy tűnik, hogy a regény időnkívüli világában a ciklikusság mintájából való kilépés lehetetlen, hiszen olyan szemléletváltást kíván, melyet a szubjektum nem tud megvalósítani. Az egyetlen közbeavatkozás, ami megváltozhatja az események alakulását, a szerelem (83). A szerelem viszont Billie-nek és Spike-nak nem elég, az emberiség kollektív sorsa alól ez sem jelent kibúvót.

Hivatkozott irodalom

Butler, Judith. "Performative Acts and Gender Constitution: An Essay in Phenomenology and Feminist Theory." *Theatre Journal*, XL/4 (1998): 519–531.
Colebrook, Claire. *Death of the PostHuman, Essays on Extinction*. Vol. 1. Open Humanities Press with Michigan Publishing – University of Michigan Library, 2014.
Dwyer, Jim. *Where the Wild Books are: A Field Guide to Ecofiction*. Reno: University of Nevada Press, 2010.
Eakin, Paul John. *How Our Lives Become Stories: Making Selves*. Ithaca: Cornell UP, 1999.
Herman, David. "Bevezetés a Történetvilágok Logikájába". Ford. Lengyel Zsuzsanna. *Helikon* 59.1 (2013): 221-31.

James, Erin. *The Storyworld Accord: Econarratology and Postcolonial Narratives*. Lincoln: University of Nebraska Press, 2015.
Kerby, Anthony Paul. *Narrative and the Self*. Bloomington: Indiana UP, 1991.
Maclaren, Kym. „Emotional Metamorphoses: The Role of Others in Becoming a Subject". In: *Embodiment and Agency*. Szerk. Sue Campbell, Letitia Meynell és Susan Sherwin. University Park: Pennsylvania State University Press, 2009. 25-45.
Vallasek, Júlia. *Angolkeringő. Esszék a kortárs angol irodalomról*. Budapest: Gondolat, 2015.
Winterson, Jeanette. *The Stone Gods*. London: Penguin Books, 2008.

SZERZŐINKRŐL

Báder Petra az ELTE "A kortárs latin-amerikai elbeszélő irodalom alkotásainak és előzményeinek szövegvizsgálata" doktori program doktorjelölt hallgatója. Készülő disszertációjában, amely *A rútság ábrázolása a XX. század második felének mexikói prózájában. Salvador Elizondo és Mario Bellatin esztétikája* címet viseli, a testi és szövegi fragmentáció közötti lehetséges viszonyok feltárását tűzte ki célul. Spanyol és magyar nyelven publikál, hazai és nemzetközi konferenciák résztvevője. A Mexikói Állam támogatásával hat hónapot töltött a mexikóvárosi El Colegio de México kutatóegyetemen. 2016-ban kutatómunkájáért és tudományszervezési tevékenységéért Horányi Mátyás Emlékdíjban részesült.

Bojti Zsolt az ELTE Irodalomtudományi Doktori Iskola doktorandusza a "Modern angol és amerikai irodalom" programon. 2016-ban kitüntetéses oklevéllel és "Outstanding Thesis Awarddal" végzett az anglisztika mesterképzés angol irodalom szakirányán. Alapítója és kutatója az Early Modern English Research Groupnak (EMERG). Főbb kutatási témái közé tartozik Oscar Wilde és körének irodalma, a gótikus irodalom és a viktoriánus kultúrtörténet. Jelenleg a magyart mint alakzatot vizsgálja az angol meleg irodalomban, amelynek kapcsán Edward Prime-Stevenson *Imre* című regényének magyar fordítását is készíti.

Bollobás Enikő irodalomtörténész, amerikanista, az ELTE Angol-Amerikai Intézetének egyetemi tanára, az MTA doktora. Hét könyv (*Vendégünk a végtelenből – Emily Dickinson költészete*, Budapest: Balassi, 2015; *Az amerikai irodalom rövid története*, Budapest: Osiris, 2015; *Egy képlet nyomában – karakterelemzések az amerikai és a magyar irodalomból*, Budapest: Balassi, 2012; *They Aren't, Until I Call Them – Performing the Subject in American Literature*, New York: Peter Lang, 2010; *Az amerikai irodalom története*, Budapest: Osiris, 2005; *Charles Olson*, New York: Twayne, 1992; *Tradition and Innovation in American Free Verse*, Budapest: Akadémiai Kiadó, 1986) és több mint másfélszáz tanulmány szerzője, melyek magyar és nemzetközi tudományos és irodalmi folyóiratokban láttak napvilágot (pl. *Hungarian Journal of English and American Studies, Irodalomtörténeti Közlemények, Holmi, Pompeji, Jelenkor, Nagyvilág, Műút*, valamint *The Emily Dickinson Journal, American Quarterly, Paideuma, Journal of Pragmatics, Language and Style, Word and Image*).

Horváth Lajos az ELTE BTK Irodalomtudományi Doktori Iskola "Összehasonlító irodalomtudomány" doktori program ösztöndíjas PhDhallgatója volt, jelenleg az Irodalomtudományi Doktori Iskola PhD-abszolutóriumot szerzett doktorjelöltje. Készülő disszertációjában Shakespeare Szonettjeinek komparatív vizsgálata alapján igyekszik körvonalazni Shakespeare poétikáját. Az MTA ELTE Hálózati Kritikai Szövegkiadás Kutatócsoport megbízott kutatója, az ELTE BTK Műfordító Műhely és a Magyar Shakespeare Bizottság tagja, az Early Modern English Research Group és a Pesti Bölcsész Akadémia előadója.

Petrák Fanni az ELTE Irodalomtudományi Doktori Iskola Modern Angol és Amerikai Irodalom Programjának doktorandusz hallgatója. Érdeklődési területe az ún. antropocén korszak a kultúratudományokban, valamint a klímaváltozás irodalma. Jelenlegi kutatása az antropocén gondolatkísérlet irodalmi megjelenéseire fókuszál.

Simon Gábor a Magyar Tudományos Akadémia posztdoktor kutatójaként dolgozik az ELTE Mai Magyar Nyelvi Tanszékén. Történelem és magyar szakos tanárként végzett 2009-ben, 2013-ban védte meg PhD értekezését az ELTE Nyelvtudományok Doktori Iskolájában. Kutatási területe a kognitív poétika. Két kötete jelent meg a Tinta Könyvkiadónál (*Egy kognitív poétikai rímelmélet megalapozása* – 2014, *Bevezetés a kognitív lírapoétikába – A költészet mint megismerés vizsgálatának lehetőségei* – 2016). Jelenleg a kognitív műfajelmélet területén folytat kutatásokat, célja a műfaj fogalmának újraértelmezése a kognitív tudományok, különös tekintettel a kognitív nyelvészet eredményeinek alkalmazásával.

Zipernovszky Kornél az ELTE BTK Amerikanisztika szakos doktorandusza, témája a jazz magyarországi megjelenése és hatása. Készülő disszertációjának egyik előtanulmánya az *Americana Efolyóirat* jazz különszámában jelent meg, melynek társszerkesztője volt. Hosszabb írásai egyebek között a *Kalligram*, a *BUKSZ*, az *Imágó Budapest* című folyóiratokban és konferenciakötetekben jelentek meg, valamint *A jazz évszázada* című kézikönyvben (2015) olvashatók. Újságíró, szerkesztő, kritikus, a *Gramofon Klasszikus és Jazz*, illetve a *Fidelio* volt jazzrovat-vezetője, a *Magyar Narancs*, a *Revizor Online*, *Müpa Magazin* és a *Bohém Jazzmagazin* munkatársa. A 2015-ben alakult Jazztanulmányi Kutatócsoport (JaTaKuCs) kezdeményezője, amelynek a BMC (Budapest Music Center) Magyar Zenei Információs Központ és Könyvtár ad otthont. A csoport fő célja, hogy a társadalom- és bölcsészettudományok vizsgálatának tárgyává tegye a jazzt, illetve meghonosítsa a máshol már bevett „new jazz studies" interdiszciplináris megközelítést.

www.ingramcontent.com/pod-product-compliance
Lightning Source LLC
Chambersburg PA
CBHW070852050426
42453CB00012B/2158